名古屋鉄道
1世紀の記録

写真提供：名鉄資料館

CONTENTS

まえがき 4
カラー写真で見る名古屋鉄道 6

1章　車両から見た名古屋鉄道の1世紀

1-1　名古屋電気鉄道の車両 26
1-2　愛知電機鉄道の車両 28
1-3　初期鉄道時代の名鉄
　　 （初代・名古屋鉄道）と愛電（愛知電気鉄道）...... 29

2章　路線の拡充と合併路線

2-1　名古屋鉄道（名古屋電気鉄道）が開業 32
2-2　初代・名古屋鉄道が合併した路線と車両 34
　　　(1)名電の車両　　(2)美濃電の車両
　　　(3)尾西鉄道　　　(4)各務原鉄道
2-3　愛知電気鉄道の路線拡張と合併会社 36
　　　(1)愛知電機鉄道の車両　　(2)西尾鉄道と碧南鉄道
　　　(3)知多鉄道

3章　名古屋鉄道の発足とその後の合併会社

3-1　流線形電車の登場から戦時体制へ 40
3-2　戦中、戦時の車両増備・瀬戸電気鉄道と
　　 三河鉄道などの合併 42
　　　(1)瀬戸電気鉄道　　(2)三河鉄道
3-3　戦時下の車両事情 45
　　　(1)戦中の新造車　(2)3500、3550系3扉車
　　　(3)東西連絡線の完成

4章　戦後まもなくの新造車

4-1　3800系と以後の新造車 50
　　　(1)3800系の時代　(2)OR車の登場
4-2　流線形電車の登場 52
　　　(1)3850系(OR車)　　(2)3900系
　　　(3)3700系等・鋼体化車の登場　(4)他社からの車両
　　　(5)AL車の更新(7300系、6750系、3300系)

5章　高性能電車の登場

5-1　SR車の時代 58
　　　(1)5000系(初代)　　(2)5150形
　　　(3)5200系　　　　　(4)5500系
5-2　パノラマカーの時代 60
　　　(1)7000系(パノラマカー)　(2)7700系
　　　(3)7100系　　(4)7500系(パノラマカー)
　　　(5)8800系(パノラマDX)
5-3　3扉車時代の幕開け 63
　　　(1)6000系　　(2)6600系(瀬戸線)
　　　(3)6500系　　(4)6800系
5-4　新SR車 登場 66
　　　(1)5700系・5300系　(2)5700系-5600形
5-5　パノラマsuperの時代 67
　　　(1)1000系(パノラマsuper)　(2)1200系
　　　(3)1030系-1230系　(4)1380系
　　　(5)1800系　　(6)1850系

5-6　VVVFインバータ制御・電気指令式ブレーキ車が登場 …… 71
　　　(1)3500系　　　　(2)3700系(三代目)
　　　(3)3100系　　　　(4)1600系
　　　(5)1700系　　　　(6)2000系(ミュースカイ)
　　　(7)3300系・3150系　(8)2200系
　　　(9)5000系(二代目)　(10)4000系(瀬戸線)

5-7　地下鉄乗り入れ車両 …………………………… 76
　　　(1)100系　(2)200系
　　　(3)300系

6章　岐阜の電車

6-1　旧型電車の時代 …………………………… 80
　　　(1)旧型車の改造・他社からの転入　(2)戦後の新造車
　　　(3)美濃町線の近代化(モ600形の新造とモ870形の転入)

6-2　新型電車の登場 …………………………… 82
　　　(1)880形　(2)770形
　　　(3)780形　(4)800形

7章　名鉄の気動車

7-1　瀬戸自動鉄道と三河鉄道の蒸気原動車 …… 86
7-2　キボ50形 ……………………………………… 86
7-3　キ10形 ………………………………………… 87
7-4　キ50形、キ80形 ……………………………… 87
7-5　300形 ………………………………………… 88
7-6　キハ6401号 ………………………………… 88
7-7　キハ8000系 ………………………………… 89
7-8　キハ8500系 ………………………………… 89
7-9　LEカー(キハ10・20・30) …………………… 90
　　　(1)キハ10形　(2)キハ20形　(3)キハ30形

8章　会社による駅舎のスタイル

8-1　名電、名岐系の駅舎 ………………………… 92
8-2　愛電系の駅舎 ………………………………… 92
8-3　三河鉄道、瀬戸電気鉄道の駅舎 …………… 93
8-4　鉄筋コンクリート等の駅舎 ………………… 94

9章　名古屋鉄道の廃止路線

9-1　挙母線 ………………………………………… 100
9-2　三河鉄道門立支線 …………………………… 100
9-3　岡崎市内線 …………………………………… 101
9-4　福岡線 ………………………………………… 101
9-5　平坂支線 ……………………………………… 102
9-6　安城支線 ……………………………………… 102
9-7　清洲線 ………………………………………… 103
9-8　起線 …………………………………………… 103
9-9　岩倉支線 ……………………………………… 104
9-10　一宮線 ……………………………………… 104
9-11　八百津線 …………………………………… 105
9-12　勝川線 ……………………………………… 105
9-13　美濃町線 …………………………………… 106
9-14　田神線 ……………………………………… 106
9-15　岐阜市内線 ………………………………… 107
9-16　鏡島線 ……………………………………… 108
9-17　揖斐線 ……………………………………… 108
9-18　谷汲線 ……………………………………… 109
9-19　高富線 ……………………………………… 109
9-20　その他の廃止路線、廃止区間 …………… 110

まえがき

「名古屋鉄道1世紀の記録」という大それたタイトルを頂き、二人ともたじろいだのが本音である。お互いに運転と車両部門の仕事に携わったとはいえ、他の部門のことはよく解らず、運転、車両から見た名古屋鉄道の歩みを辿ったのに過ぎないことをお許し頂きたい。

多岐にわたる歴史と路線の事情に応じて生まれた車両は、1960年代までは名鉄創業期の車両も健在だった。種類も数えきれないほど多くあり、雑多と言ってもいい状態で運用、保守にも苦労が多く、困難を極めた。1955（昭和30）年のSR車5000系の登場から、現在の名鉄車両の歴史が始まったといえるが、それでも路線事情、使用条件、所要性能などにより多種多様な車両が製造された。経営者や担当者が、その時代に最適な車両を名鉄の状況に応じて提供しようとした結果であり、それは名鉄の歴史の一部でもある。

したがって執筆分担も、古い車両の時代についてその多くを直接知ることが出来た清水が、後半の新しい車両の時代については田中が担当した。そのため、文章に不整合があることをあらかじめお断りしておく。

2016年12月　清水 武　田中義人

蒲郡線を走る7000系パノラマカー。この当時の蒲郡線は、西浦温泉・形原温泉・幡豆海岸への観光客で賑わっていた。
◎1970年頃

カラー写真で見る名古屋鉄道

写真提供：特記以外は名鉄資料館

黒野駅の400形連接車。美濃電軌の単車を、1952年に連接化改造して誕生した。◎1970年頃

太田川検車に憩う850系。名岐間の特急車として1937年に製造された。当初は前面両肩部に白い髭が描かれていたので「なまず」と呼ばれた。この濃緑色が1975年頃まで名鉄の一般車両の標準色だった。◎1975年頃

名古屋城外堀を走る瀬戸線の900系。瀬戸線に特急を走らせるため、知多鉄道910形の車体と、木造電動車の機器を利用して製造された。パノラマカーと同じ赤色に塗られ、逆富士型の行先・種別板も取り付けた。◎1970年頃

堀田駅に到着する3550系。戦中から戦後にかけて製造された電車で、時代を反映し3扉で製造された。昭和50年代に3扉の6000系が登場するまで、ラッシュ輸送に欠かせない電車だった。◎1970年頃

新名古屋～中日球場前を走る3800系。一般車両は、1967年からクリーム色に赤帯の塗色となった。戦後間もない時期に製造された3800系はロングシートの一般車だったが、一部はクロスシートに改造された。

瀬戸線を走る750形。その昔、柳橋から名古屋市内線を通って尾張北西部を結んでいた電車。754・755号の2両は半室畳敷きに改造され、下呂まで直通（鵜沼からは蒸機が牽引）した元祖お座敷列車である。
◎1970年頃

広見線を走る3400系の特急下呂号。昭和40年代は、日本ライン今渡駅で下呂温泉行きの特急バスに接続する列車が運転された。3400系は1967年に車体更新され、前面形状が少し変わったが流線型と床下スカートは維持された。
◎1970年頃

カラー写真で見る名古屋鉄道

新名古屋の隧道を出る7700系白帯特急。名鉄バスセンターの誘導路をバックにした、名鉄を代表する風景。指定席（有料）特急の差別化を図るため、1982年から7000系パノラマカーとともに内装を改良し白帯を巻いた電車が登場した。◎1984年

高山線の飛騨川鉄橋を渡るキハ8000系急行「北アルプス」。富山地方鉄道の立山乗り入れを始めた頃。8両編成の向こう側3両が高山で切り放されて立山へ直通した。キハ8000系の8000・8050・8100・8200形をつないだフル編成。◎1970年頃

登場時の塗装を復元した5500系・舞木検査場。5500系の廃車が迫った頃、5517Fを登場時のツートン塗装に塗り替えた。この塗色は1951年に登場した3850系に初採用され、その後の優等車両の標準色で1960年代後半まで使われた。◎2003年7月

蒲郡線を走る3850系。このライトパープル（薄紫色）は1966登場の新車3780系に採用され、同年から、赤クリーム+チョコレート色のツートン車を定期検査でライトパープルに塗り替え始めた。しかしすぐに視認性が悪いと評価を落とし、翌1967年からクリーム+赤帯に変更された。◎1967年頃

新名古屋～中日球場前を走る5200系。5150形を中間に組み込み4連となった。この当時のSR車はクリーム+赤帯から赤色+白帯塗装に変更された。◎1970年頃

三河線の御船川鉄橋を渡る3700系。三河線の木造車を置き換えるため、旧型車の機器を再利用し車体を新造した車両。HL（手動進段）制御の車両だったのでHL車と呼ばれた。三河線のこの区間は廃止され、この橋の上を東海環状自動車道が通っている。◎1970年頃

犬山検査場に並んだパノラマ３兄弟。左から7000系パノラマカー白帯車、8800系パノラマDX、1000系パノラマsuper。◎1989年頃

八百津線を走るキハ10形LEカー。ローカル線の合理化のため、八百津線へ小型のキハ10形LEカー（２軸車）を1984年に投入し、翌年からワンマン化した。◎1985年

広見線を走る3780系。木造車の鋼体化のため、3700番代のHL車を1957～66年に製造し、ローカル線の車両の近代化を行ったが、3780系はその最後に冷房付きで登場した。1978年に全20両が瀬戸線へ転属した。◎1970年代前半

栄町乗入れが完成、トンネルを出る6600系。瀬戸線は、1978年３月に1500Vへ昇圧、同年８月に地下新線が開通して栄町乗り入れを開始した。◎1978年

犬山線を走る地下鉄直通100系。犬山線と名古屋地下鉄鶴舞線の相互直通が1993年から始まり、それに合わせて100系は４両から６両組成に増強された。◎1993年

犬山モノレールと満開の桜。日本初の跨座式モノレールとして1962年に営業開始した。犬山遊園〜動物園間1.2kmでラインパーク（後にモンキーパークと改称）への行楽客輸送が主体だった。車両は3両組成（2本所有）で、名鉄唯一のアルミ車体だった。乗客減と施設・車両の老朽化により2008年末に廃止された。◎1970年頃

雪の夜の黒野駅に停車中の750形と780形。揖斐線の黒野〜岐阜市内線には最新鋭の780形が投入されたが、黒野〜本揖斐間と谷汲線は電圧降下のため新型車両が入線できず、廃線まで750形が残った。
◎2000年

美濃駅の保存車両。美濃町線の美濃駅は1999（平成11）年に廃止されたが、廃止後も駅舎は保存され、電車も綺麗な状態で保存されている。右から590形、510形、600形、870形（先頭部分のみ）。◎2016年

岐阜駅前の市内線単車。岐阜市内線の伊奈波通以北には急カーブがあり、1967年まで、長良北町行きは小型の木造単車で運行された。◎1965年頃

忠節橋を渡る510-520形の急行。大正生まれの510-520形コンビは、1968年から揖斐線と岐阜市内線の直通列車に使われてきたが、770形の登場により引退の時期を迎えた。◎1987年頃

連接車880形の車内。丸形の連接部と座席に特徴があった。◎1980年

新岐阜駅美濃町線ホームで880形の発車式。美濃町線から新岐阜へ直通運転できる複電圧車両880形。岐阜地区で初の高性能電車だった。◎1980年8月

田神線市ノ坪駅で600形の交換。登場して間もない600形が、出来たばかりの市ノ坪駅で交換する。移転してきた岐阜工場(写真右側)の入出庫線を田神まで延長し田神線が開通した。市ノ坪駅も当初は相対式ホームだった。◎1970年

徹明町交差点を曲がる770形。岐阜市内線初のクーラー車で、岐阜市内線〜揖斐線の直通列車に使われた。登場時は赤一色だったが、後に780形と同じこの色に塗装変更した。◎2005年

【愛知電鉄沿線御案内図】1929（昭和4）年1月発行　神宮前を拠点にした愛知電気鉄道（愛電）は、まず常滑まで開通させ、その後岡崎、豊橋方面へ線路を延ばした。

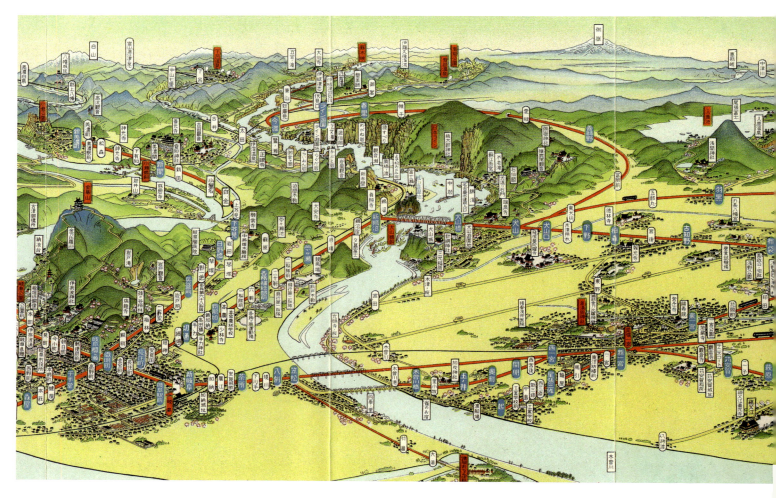

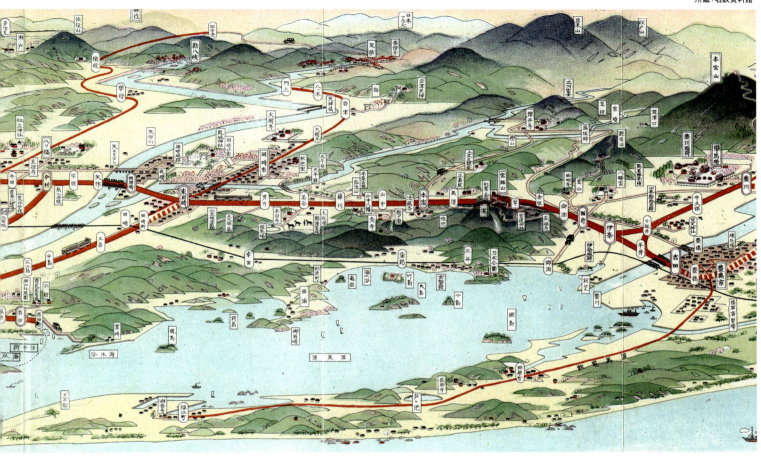

【名岐鉄道全線名勝鳥瞰図（吉田初三郎）】1935（昭和10）年1月発行 柳橋・押切町を拠点に、尾張北西部から岐阜方面に路線網を有していた名岐鉄道の鳥瞰図。名岐鉄道は、この年（昭和10年）8月に愛電と合併し、名古屋鉄道（名鉄）となる。

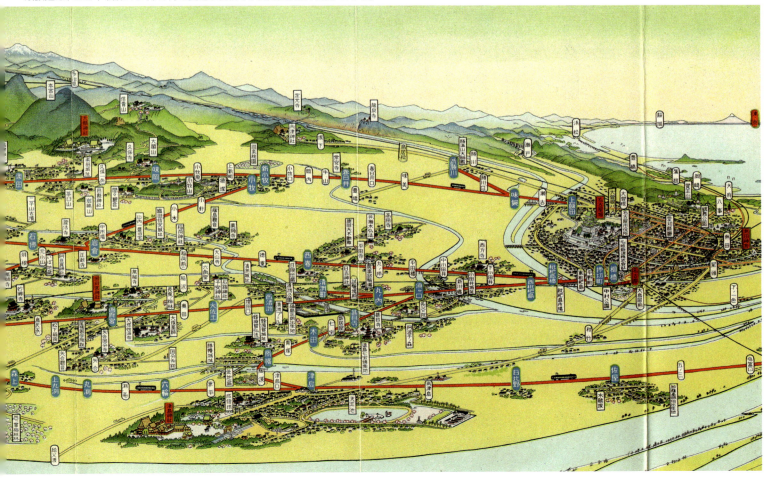

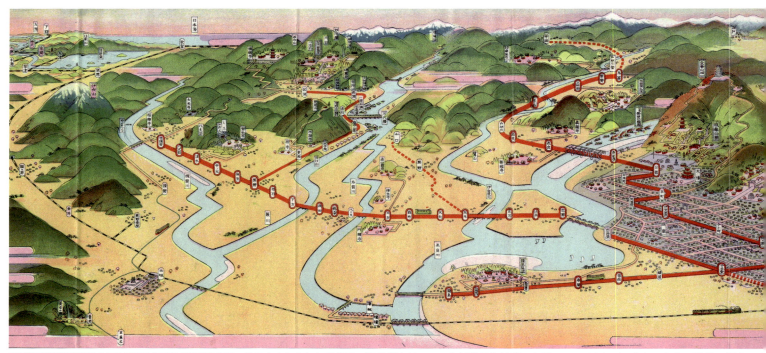

【美濃電鉄沿線御案内図】1929(昭和4)年頃発行 岐阜を中心とした鉄軌道の路線網を持っていた美濃電気軌道の鳥瞰図。1930(昭和5)年に名古屋鉄道は美濃電軌と合併。社名を一時名岐鉄道と改称した(昭和10年に愛電と合併し再び名古屋鉄道となる)。

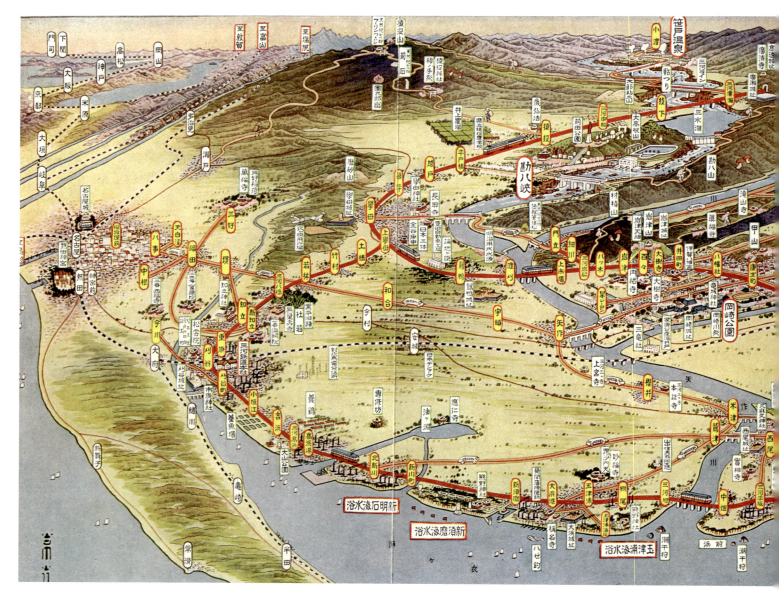

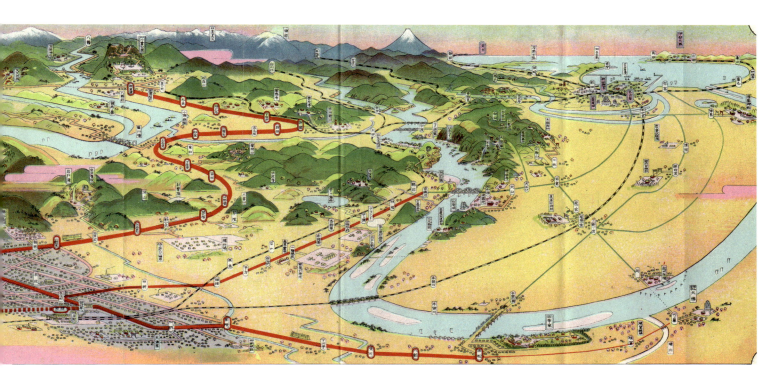

【観光の三河鉄道(三鉄鳥瞰図)】1937(昭和12)年頃　北は足助の近くの西中金から挙母・知立・刈谷・大浜港・三河吉田経由で蒲郡まで線路がつながった後に出来た路線図。昭和16年に戦時統合で名鉄と合併した。

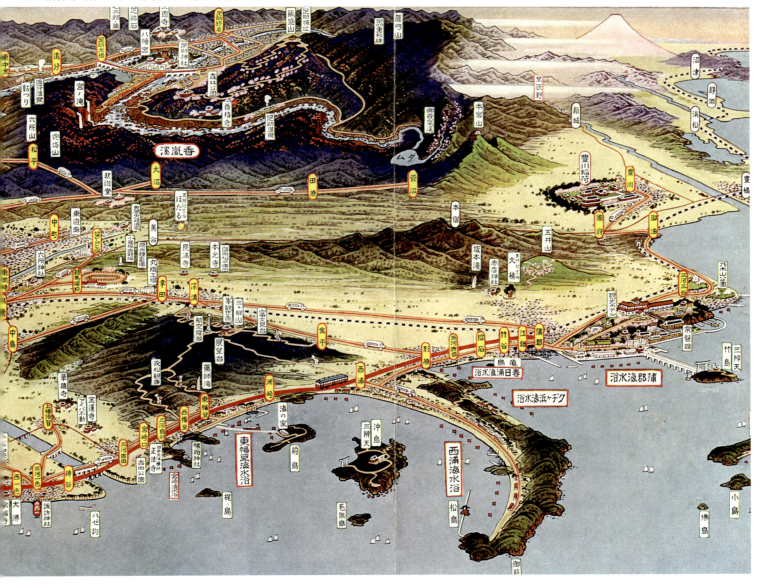

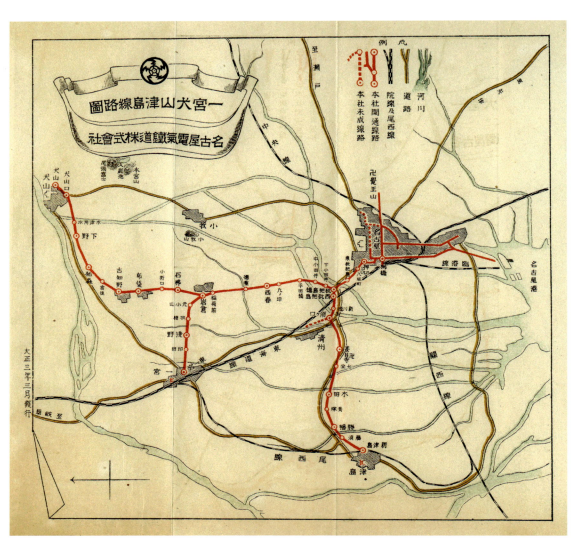
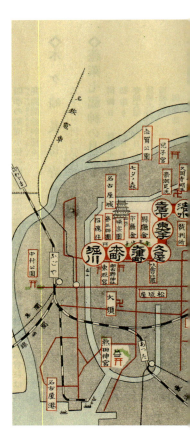

【名古屋電気鉄道・一宮犬山津島線路図】
1914（大正3）年3月発行
名鉄の沿線図としては、最初に発行された図と思われる。名古屋の市内電車として発足した名古屋電気鉄道が、郡部線（郊外線）として計画した最初の路線の一宮・犬山・津島線が完成した直後に発行。

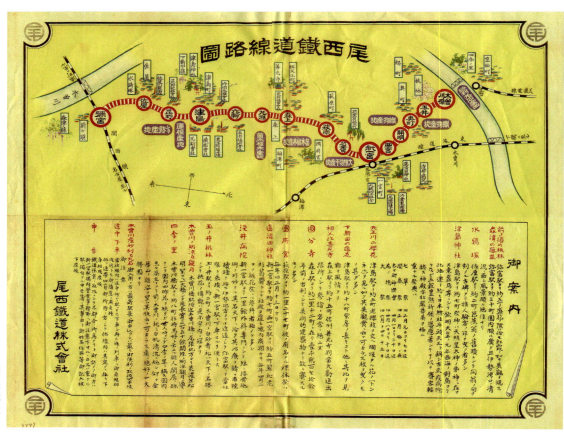

【尾西鉄道線路図】
大正時代（1912～1926）
尾西鉄道は、名古屋電気鉄道よりも約1ヶ月早く開業した。名電が津島線を開通させたため経営が苦しくなり、電化などの経営努力も実らず、1925（大正14）年に名鉄へ吸収された。

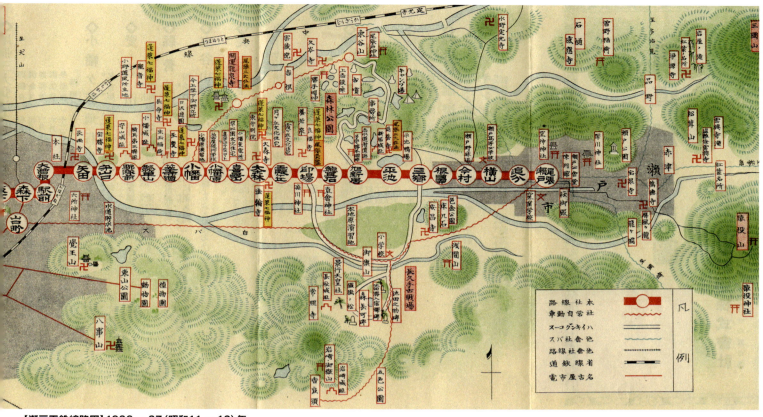

【瀬戸電鉄線路図】1936～37（昭和11～12）年
瀬戸電時代に制作された路線図。昔は路面電車並に駅間距離が短く、駅がたくさんあった。1939（昭和14）年に名鉄へ合併されて、名鉄瀬戸線となる。

【谷汲鉄道沿線案内・谷汲山御案内】　昭和初期
谷汲鉄道は谷汲山御開帳に間に合わせるため1926（大正15年）に開業。美濃電軌（揖斐線）と直通運転も行った。1944（昭和19）年に戦時統合で名鉄へ合併された。

電車沿線案内図

【名鉄電車沿線案内図】1952（昭和27）年
名鉄は昭和27年に路線網が最長で、営業キロ578.9kmだった。その後は路線廃止が進み、現在は444.2km。実に130km以上が廃線となった。

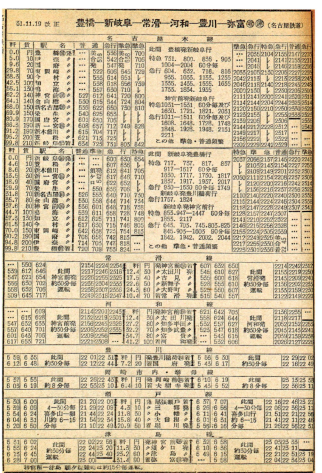

1956（昭和31）年の名古屋本線などの幹線系の時刻表。前年からこの年にかけて高性能SR車5000系が4両×5編成製造され、勢揃いしたのでダイヤ改正が行われた。この当時の名古屋本線は、並行する国鉄東海道線に比べ、列車本数やスピードで優位に立っていて、利用客数も圧倒していた。マイカー時代の到来前で高度成長期だったので、本線・支線とも乗客は増加傾向だった。

1956（昭和31）年の犬山線・一宮線と支線系統の時刻表。まだこの当時は、電圧1500Vと600Vが混在しており、蒲郡・西尾・小牧・広見・八百津・各務原・竹鼻線と岐阜地区は600Vだった。なお岐阜地区は廃止まで600Vのままだった（上の時刻表の岡崎市内線と瀬戸線も600V）。ごく少数の複電圧車は直通できたが、支線内の単独運用が多かった。

名古屋本線の駅舎

写真提供：名鉄資料館

【豊橋駅】名古屋本線の東端。豊橋駅の3番ホームは旧国鉄飯田線との共用である。

【本宿駅】鐘付き堂を思わせる上屋が個性的だった旧本宿駅舎。構内では高架工事が進んでいる。

【矢作橋駅】ホーム側に延びた瓦屋根が堂々とした姿だった矢作橋駅舎。1992年に改築され、小ぢんまりとした造りになった。

【知立駅】現在の知立駅は1959年の建築。スイッチバック構造の三河線合流部と名古屋本線が並ぶ場所で開業した。

【中京競馬場前駅】レース開催日に殺到する利用客へ対応すべく、たくさんの切符売り場とラッチが並ぶ中京競馬場前旧駅舎。

【有松駅】開業時からの駅舎は寄棟の瓦屋根に横板で壁面を囲む設えだった有松駅。1977年に建て替えられた。

【鳴海駅】車両の検修、保守等を行う自社工場が隣接していた鳴海駅。検修機能が豊明、舞木に移るまでは拠点の一つだった。

【本笠寺駅】尾張4観音のひとつ笠寺観音の最寄り駅である本笠寺。改札越しに旧塗装の電車が見える。

【神宮前駅】大屋根が玄関口で利用客を迎える神宮前旧駅舎。駅前向かいには駅名通り熱田神宮の杜がある。

【金山駅】総合駅化時の金山駅。名鉄、東海道本線、中央本線のホームを中央の自由通路が跨ぐ。

【豊川稲荷駅】豊川稲荷の名で知られる妙厳寺の最寄り駅は、豊川線の終点豊川稲荷駅。新年を迎えた駅舎に大きな広告看板がかかる。

【栄生駅】名鉄の東西路線を結んだ旧笹島線の開業時に設置された栄生(さこう)駅。名古屋本線と犬山線の乗換駅である。

【新名古屋駅】百貨店、バスターミナルが入ったビルの地下にある新名古屋(現・名鉄名古屋)駅。3面2線のホームで分刻みに発着する列車を捌く。

【新川橋駅】構外踏切が上下ホームを結ぶ新川橋の有人駅時代。名古屋市内にまで流れる新川岸の駅だ。

【須ヶ口駅】名古屋本線から津島線が分岐する須ヶ口駅。新川検車区(旧・新川工場)が構内に隣接している。

【新清洲駅】地上駅舎、上下棒線駅時代の新清洲駅。上下列車の待避設備ができたのは1976年だった。

【国府宮駅】稲沢市における名鉄の玄関口国府宮駅。「はだか祭」で知られる尾張大霊国神こと国府宮の最寄り駅である。駅ビルは1963年の竣工。

【新一宮駅】新一宮(現・名鉄一宮)旧駅舎。地上駅時代には、並行する東海道本線尾張一宮駅と改札口を共用していた。

【笠松駅】地方競馬の笠松競馬場に近い笠松駅。旧駅舎に隣接して臨時の改札口が設けられていた。

【新岐阜駅】1957年に竣工した新岐阜(現・名鉄岐阜)駅ビル。約半世紀にわたって岐阜市を代表する商業施設だった。

西尾線、蒲郡線の駅舎

【碧海桜井駅】地上駅舎時代の碧海桜井。2008年6月21日に高架化されてから8日後に桜井駅と改称した。

【西尾駅】西尾線の電化完成。碧海電気鉄道の新線開業に合わせて1928（昭和3）年3月1日より供与開始された旧西尾駅舎。

【上横須賀駅】1988年に無人化された上横須賀駅。旧来の駅舎は駅集中管理システムが導入された2008年に建て替えられた。

【吉良吉田駅】西尾線、蒲郡線の始発、終点となっている吉良吉田。三河線と西尾線の統合駅として生まれた。

【東幡豆駅】駅横の坂道を下りると海辺に出られる東幡豆駅。木造駅舎が無人化された現在も残っている。

【蒲郡駅】三河湾観光の玄関口である蒲郡駅。駅周辺の開発以前は地方の中規模駅で良く見られた、切妻屋根の木造駅舎が建っていた。

三河線の駅舎

【碧南駅】三河鉄道の終点として開業した碧南駅。路線は後に吉良吉田駅まで延長されるが、2004年に当駅〜吉良吉田間が廃止され、再び三河線の終点となった。

【高浜港駅】1977年まで貨物扱いを行っていた高浜港駅。改札口越しに黒い貨車が見える。

【刈谷市駅】元は「刈谷町」だったが市制化後は現駅名に。当時はタイル貼りの駅舎だった。

【豊田市駅】豊田市駅はトヨタ自動車の企業城下町として知られる豊田市の中核駅。現駅舎の「トヨビル」は1961年の竣工だ。

【梅坪駅】長閑な雰囲気が漂う地上時代の三河線梅坪駅。1979年に周辺が高架化され、駅は200メートル豊田市方へ移転した。

【猿投駅】三河線の起点猿投駅。小ぢんまりとした木造駅舎は2代目で、1993年まで使われた。

小牧線、常滑線、河和線の駅舎

【上飯田駅】名古屋市北部の中核駅上飯田。駅ビルは1965年の竣工で、3階より上は公団住宅になっている。

【小牧駅】大窓が並ぶ壁面は個性的な設え。地上駅時代の小牧駅舎は1950年に竣工した。

【太田川駅】東海市の玄関口太田川駅。東口の旧駅舎は、市内に建つ弥勒寺(みろくじ)の宝塔を模していた。

【常滑駅】常滑線の終点常滑駅。名産品の土管、常滑焼を出荷する貨車が構内に並んでいる。

【知多半田駅】大通りを挟んで対峙する旧国鉄武豊線の駅を意識してか、知多半田駅の旧駅舎には特急運転の大看板が掛かる。

【河和駅】知多湾に面し、海水浴場等の行楽地に近い河和駅。初代駅舎は観光客を意識したモダンな造りだった。

津島線、尾西線、竹鼻線の駅舎

【甚目寺駅】木造駅舎時代の甚目寺。出入り口付近に町内の地図や立て看板がある。1975年に新駅舎へ建て替えられた。

【津島駅】津島線と尾西線の電車が顔を合わせる津島駅。駅ビルは1968年、駅付近が高架化された後に竣工した。

【佐屋駅】佐屋町(現・愛西市)内を通る尾西線の駅佐屋。ホームには嵩増しされた工事の跡が残る。

【森上駅】祖父江町(現・稲沢市)の中心に建ち、かつては尾西線の要所だった森上駅。木造駅舎時代の駅前は未舗装だった。

【萩原駅】尾西線で準主要駅の一つだった萩原。鉄筋コンクリート造の旧駅舎は1955年に竣工した。

【竹鼻駅】所属路線の名前にもなっている竹鼻駅は1921(大正10)年の開業。写真の木造駅舎は無人化された今日も健在だ。

23

犬山線、各務原線、広見線の駅舎

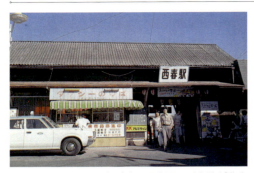
【西春駅】駅名に旧町名が残る西春駅。所在地が北名古屋市となるまでは、構内に師勝町との境界線があった。

【岩倉駅】岩倉市の中心街にある岩倉駅。1965年竣工の駅ビルには、名鉄の社員寮が入っていた。

【犬山駅】犬山、広見、各務ヶ原、小牧と4路線の列車が乗り入れる犬山駅。旧駅舎の出入り口付近には凝った装飾が施されていた。

【新鵜沼駅】構内に旧国鉄高山本線との連絡線があった新鵜沼駅。1931(昭和6)年に東鵜沼駅を統合した。

【日本ライン今渡駅】今亘り線の終点として開業した日本ライン今渡駅。初代駅舎は博物館明治村に移築され、「東京駅」として健在。

【名電各務原駅】数件の店舗が入った比較的小さな建物は地方の中心駅で見られる。名電各務ヶ原の駅舎は1977年に建て替えられた。

瀬戸線の駅舎

【大津町駅】名古屋城の外堀を利用して、掘割部分に対向式ホームを備えていた瀬戸線大津町駅。

【堀川駅】瀬戸線の栄町乗り入れ工事開始で1976年に廃止された堀川駅。同線開業以来の起点だった。

【大曽根駅】地上時代の大曽根駅。瀬戸線では1978年まで貨物列車が運転され、駅構内に国鉄中央本線との連絡線があった。

【小幡駅】駅周辺で生産されるタイル等の貨物輸送を目的に開業した小幡駅。ドーム形状の2代目駅舎は1977年まで使われた。

【三郷駅】構内踏切が上下線ホームを結んでいた三郷(さんごう)駅。駅舎の傍らには自動券売機が置かれ、施設が近代化されつつあるを窺わせる。

【尾張瀬戸駅】大正期に建てられた旧尾張瀬戸駅舎。現在は建物の一部を復元して、瀬戸市内の瀬戸蔵ミュージアムで展示している。

第1章
車両から見た
名古屋鉄道の1世紀

　現在の名古屋鉄道を構成する会社のルーツは、法人としての変遷はともかく、1896（明治29）年6月19日に馬車鉄道から名古屋電気鉄道と改称して、名古屋市内と尾張地方西部を中心に電気軌道を経営しそれを発展させてきた会社と、尾張東部と三河地方に路線を持つ愛知電気鉄道が起りである。

　こうしたルーツの違いは、路面軌道から発足した名古屋電気鉄道と愛知電気鉄道が手掛けた路線、車両に色濃く反映されている。当初の車両はどちらも単車からスタートしたが、名古屋電気鉄道のほうは純然たる路面電車スタイルの車両であり、愛知電気鉄道のほうは単車ではあっても最初から鉄道車両スタイルであった。この両者の相異は、車両形態だけでなく、車両基地の配線、構成にまで影響した。

郊外線の全通を祝う花電車とSC№1　◎岩倉駅　1914（大正3）年

1-1 名古屋電気鉄道の車両

撮影：福島隆雄、阿部一記、清水 武

　1898（明治31）年5月6日に名古屋市内区間の営業を開始し、1922（大正11）年8月1日に市内線を名古屋市に譲渡する以前に製造した車両（235両）は、当然路面電車スタイルの低床ホームから乗降する構造の車両であった。その車両の一部が札幌市電に譲渡され、札幌市により復元保存されていた車両1両が2014（平成14）年に里帰りし、名鉄創業120周年行事の一環として明治村で展示されている。会社は将来の市内線から郡部線への転進を期して、市内区間の柳橋〜押切町間を明治34（1901）年2月19日に開通し、明治39（1906）年には押切町〜津島、一宮町などへの軌道敷設免許を申請し、市内区間市営化への布石を打っていた。

　この間も市内路線の拡張を図りつつ、明治43（1910）年5月6日には郊外線の第一歩となる押切町〜枇杷島間1.8kmが開通（複線）した。さらに大正元〜3年には一宮線（現・犬山線の一部）、犬山線（岩倉〜犬山）、津島線（現・名古屋本線の一部を含む）を開業した。

　その後、1914（大正3）年9月6日の運賃問題に端を発した電車焼き討ち事件、1920（大正9）年6月の本社車庫火災事件を経て、1922（大正11）年に市内線譲渡と郊外線専業の名古屋鉄道（初代）が発足した。その際、市内線用の車両235両は名古屋市に引き継がれた。

　一方、会社は市営化に備えた準備で、前年7月1日に鉄道事業を新たに設立した名古屋鉄道（初代）に譲渡した。それまでに郡部線（郊外線）進出に際して（明治45〜大正4年）鉄道線用に新造した168号〜の車体はありふれたオープンデッキの木造車であった

名古屋電気鉄道の本社前を行く1号電車。◎1908（明治41）年
提供：名鉄資料館

モ85デシ500（SCⅡ）の生き残り。ラジアル台車を履く。1960年に廃車。◎安城

第1章 車両面から見た1世紀—最初の四分の一世紀

が、台車は珍しくラジアル台車（MG Warner製）を採用していた（後にデシ500形と改称）。

この台車は、本来は軌道線用に考案されたものであってボギー台車ではないが、乗り心地も良く、レールを傷めないような動きをする仕掛けの台車であった。これは愛知電鉄の18両（1期、2期車）と並んで特筆すべきことである。構造が複雑で保守には苦労したというが、名古屋鉄道では昭和30年代まで活躍した車両もあった。

このうちトク2（SCⅡ）は1943（昭和18）年に旋回機能を固定化しモ85として一般営業車となり、1960（昭和35）年まで安城支線で生き延びた。このほかにデシ511→デキ51（ボギー化、526）→デキ52→デキ32、529→デキ51→デキ31は3両とも同じく1960年まで在籍した。この後、デシ537,538は東美鉄道へ移った。

デキ32。デシ500（526）の生き残り。ラジアル台車を履く。◎堀田

その後はボギー車1500形に切り替えるが、1500形を改称したデホ300、320、デホ350、デホ400、450等を経てデホ300形は事故廃車を除き、サ2270形→ク2270形となり瀬戸線へ、デホ350形となった電動車は1962（昭和37）年まで竹鼻線で廃車となった。

この中で異色だったのはデホ405として焼失し、モ666として復旧後、再度焼失し、モ671として車体新造、1965（昭和40）年まで使用された。モ353は北恵那鉄道へ移籍、残りは西部線昇圧時に電装解除されて小牧線などを移動し、1965年に廃車された。

モ351。名電1501～1507が焼失、デホ351～357として復旧。当時の名鉄最古参だった。◎笠松

モ671。ルーツは名電1511。二度の焼失事故を経験し、モ405→モ666→モ671となった。◎新那加

ク2272。名岐時代に電装解除、ク2270形に変更された。デホ300形の末裔。◎森下

1-2 愛知電気鉄道の車両

名古屋市内での路面電車の経営には、計画だけで実際には関わることはなかった。1912（明治45）年2月18日、最初から鉄道線である常滑線（伝馬町〜大野町）からスタートした愛電の最初の電車、電1形18両も前述のようにラジアル台車（MG Warner製））を装備した。名古屋電気鉄道と同じく明治45年から大正3年にかけての製造である。

ここで注目したいのは福澤桃介の存在である。氏は電力王として有名だが、当地では1910（明治43）年来、名古屋電燈を通じ名古屋電気鉄道とも関係があり、1914（大正3）年8月には経営立て直しのため愛知電気鉄道の社長に就任している。その後も東海道電気鉄道の構想などを通じ、愛電に新風をもたらした。

福澤は1922（大正11）年、大井ダムの建設に関連して北恵那鉄道を創立したが、このときの見聞によるものか、その初代車両（1〜4）にラジアル台車を採用した。1913（大正元）年の福博電気鉄道（福岡県）以来、電鉄事業にも造詣があり、北恵那鉄道では車両のほか給電システム等にも新機軸を取り入れている。

電1形に続く電2形はデッキにドアを付けた単車であるが、1914

モ1003。愛電最初のボギー車。電3形。1020形も同じ。

モ1031。愛電電4型。1000形トリオは正面5枚窓。1964年まで活躍した。

（大正14）年5月の電3形（デハ1020形）、15年の電4形（デハ1030形）がボギー車として新造されると、廃車されたり転出して以後はボギー車のみを新造する。これらは当時流行した正面5枚窓の丸い形だったが、岡崎開業に備えた電5形（1040）からは四角い箱型車体となったもののまだポール集電であった。制御方式はウエスチングハウスのHL方式が踏襲された。同時に製作された付2形（サ→ク2000形）は珍しく付随車であった。モ1040形は昇圧されたが、戦後、制御車（ク2040形）となる。

電1形については、大正13年の鳥取県の法勝寺鉄道（戦後、日の丸自動車・法勝寺線）の開通時に、で1と2が移っていた。当時名鉄は明治村を建設中であり、「明治生まれの車両はないか？」とのご下問があり、このことを思い出し、米子在住の筆者の友人に電話したところ「ホームの待合室として古車体があったが、つい1カ月ほど前に取り壊した」との報で、がっかりした覚えがある。

ク2047。愛電・電5形（デハ1040）箱型車体となったが、最初はポール集電。

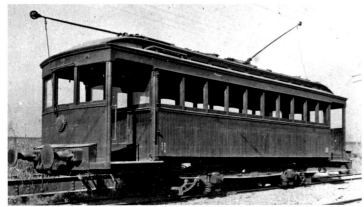

愛電・電1形。オープンデッキでの単車。ラジアル台車を装備。

ク2001。愛電付2形、（サ→ク2000）当時は珍しい付随車として登場した。

1-3 初期鉄道時代の名鉄（初代・名古屋鉄道）と愛電（愛知電気鉄道）

路面電車をルーツとする名電も鉄道としてスタートした愛電も、当初は単車でポール集電という、見かけは路面電車そのものであった。名鉄は1920（大正9）年、名電時代にボギー車（1500→デハ300形）を新造し、一部は組み立て中の車両を消失させているが、その後はボギー車のみを新造することになる。愛電も翌年に新造した電3（デハ1020形）以降はボギー車のみを新造する。いずれも最初は木造車体で、集電装置は前後にポールを装備というスタイルは変わらなかった。

しかし、その後に大きく変わったのは、愛電はポールからパンタグラフへ、名電の方は市内線柳橋へ乗り入れする関係から800形の登場までは車体中央にパンタグラフ、両端にポールという時代が続く。こうしたなか、ボギー車の登場を機に大きく変わったのは、車両の制御方式である。

名電は1500形以降、自動進段機構（AL）を装備し、愛電は手動進段機構（HL）を装備した。しかし、愛電は1925（大正14）年、神宮前〜岡崎間の架線電圧を1500Vに昇圧して各線に拡げた。一方、名電は柳橋乗り入れの関係があり、600Vのまま戦後の東西直通運転に至る。このことは1935（昭和10）年8月1日の名岐・愛電の合併時にも解決せず、戦後の東西直通まで待つことになる。合併時には車両制御方式を名鉄式（AL）に統一する動きも出たが、戦時の混乱もあって、その後の車両基準の統一には多くの時間を要することになる。

| Column | 『名古屋市史』に登場する名古屋鉄道① |

名古屋電気鉄道の開業

名古屋電気鉄道株式会社は、明治30年 (1897) に第一期線として笹島 (名古屋停車場前) から愛知県庁前 (久屋町) までの2.2kmの工事に着手した。そして翌31年5月6日に、京都電気鉄道株式会社による伏見線についでわが国2番目の電気鉄道を誕生させた。

広小路線と呼ばれたこの路線は、開業当時、電車は7両で車体はチョコレート色をしており、定員は26人 (うち座席は12人) であった。停車場は笹島・柳橋・御園町・七間町・県庁前の5ヵ所に設けられ、料金は1区1銭の区間制で笹島から県庁前までは4区4銭であった。5月末日までの26日間に乗車した人員は16万6238人、収入は3,075円52銭であった。これを1日平均になおすと乗車人員6396人、同収入118円29銭となる。電車は広小路通を北寄りに街路樹の下を走り、電車進行路の方向は右側通行であった。

名古屋電気鉄道株式会社の本社は、発電所などとともに那古野村に置かれた。明治33年当時の会社の陣容は取締役会長の白石半助以下従業員94名、そのうち運転手・車掌は46名であった。開業に備えて整えられた設備は、送電線を除き、汽缶・汽機・発動機台車・電車線・軌条などすべて外国からの輸入品であった。電車線の架設法として架空単線式が採用され、地上6.06m以上のところに架設された。また軌道は軌間が1.067mの複線で、軌条はT型25kg、長さ10mであった。道床は、横断歩道箇所の敷石舗装を除いて安田土・砂利混りであり、特殊な表面塗装はなされていなかった。

種々の困難を克服して開業にこぎつけた名古屋電気鉄道の滑出しは順調であった。しかし、初期の電鉄反対運動に続いて、31年8月にはまたも反対運動に直面することになった。同社は広小路線の開通に引き続いて熱田線の工事に着手しようとしたが、沿線住民は幅員が狭小な本町通に軌道を敷設することに対して激しく抗議をしたからである。本町通は名古屋の中心街路であり、沿線には富裕な商家が多かったため、その発言は市政を左右する力をもっていた。明治31年9月13日に、市会は調査委員会の報告の通り道路改良が完成するまで電気鉄道の敷設を延期するのが適当であるという見解を示した。

電気鉄道の敷設反対運動に直面した同社は、方針を変更して押切線を先に建設することにした。そして、当初計画した笹島～枇杷島間の路線を変更して柳橋を分岐とする案を32年4月に決め、市会に諮問してその承認を得た。柳橋から押切町にいたるこの路線は34年2月に開通したが、それに先立ち同会社ほか42名は、那古野町から菊井町を経て押切にいたる延長746間 (1350m)・幅員6間 (10.9m) の道路新設の願い出を行った。これは、軌道の建設を円滑に行うために、沿道関係地主の協力を求めながら私道を敷設する事業であった。なおこの私道は、43年11月28日に名古屋市に寄付され市道に編入された。

名古屋電気鉄道による3番目の軌道敷設は、久屋町～千種間の1.8kmである。久屋町から西に向かって長者町までの広小路は藩政期以来の繁華街であり、名古屋停車場の開設にともなって街路はさらに西に延伸された。これに対し久屋町の東側は道路もなく、市街地も形成されていなかった。中央線が開通し千種駅が開設されれば、久屋町と千種駅を結ぶ軌道が、東に延伸された広小路沿いに市街地を広げていくことは十分に予想できた。名古屋電気鉄道は、中央線の名古屋～多治見間開通の2年後にあたる明治35年6月に、広小路線を延長して久屋町～千種間に軌道を敷設する願い出を行い、翌36年の1月31日にこれを開通させた。このとき同社は運賃区間の改正を行ったため、全線は10区10銭となった。

名古屋電気鉄道は明治31年の開業以来、順調な営業成績を収めながら発展していった。開業時の運転キロ数を100としてその伸張ぶりを見ると、37年が505、41年が1032、そして43年が2001というように、倍増するまでの期間がしだいに短くなっており、明治末期に急激に増大したことがわかる。運転キロ数のこうした伸びにともなって運賃収入も増加し、開業時を100とした場合、明治34年が241、41年が945、43年が2205というように、両者はほぼ並行して伸びていった。とくに注目すべきは40年から41年にかけての伸びであり、運賃収入は2倍、運転キロ数もそれに近い伸びを示した。これは、41年に熱田線が開通し、これにともなって名古屋・千種・熱田の市内3駅が互いに電車路線でつながったことによる。

運賃以外の収入を含めた名古屋電気鉄道の総収入と利益も、年とともに順調に増大していった。収入に対する利益の割合 (対収入利益率) を経済的にみると、開業時から明治39年までは30～40%で推移した。熱田町が名古屋市に合併された明治40年以降は、対収入利益率が50%を上回るようになり、高収益体制を確立したといえる。また、資産に対する利益の割合 (対資産利益率) もこれと同様な推移を示しており、開業から明治40年までは5～8%であったが、明治41年以降は10%を上回るようになった。明治期の鉄道事業の対収入利益率は40%程度が標準とされるが、名古屋電気鉄道はこれを上回る成績を収めた。

第2章
路線の拡充と合併路線

　路線の拡充についても、名古屋西部方面は名古屋鉄道・名古屋電気鉄道(名電)、東部方面は愛電が主体となり進められた。

　路面電車時代の名電は1907(明治40)年末開業の一宮電気鉄道の事業譲渡を受けるなど、自社の郊外進出への布石としつつ、市内柳橋からの押切線の延長として枇杷島線(複線)を延長し押切町駅を郊外線の起点とし、柳橋を名古屋市内のターミナルとした。その後一宮線、津島線など自社路線の延長のほか、尾西鉄道を合併、さらに1930年には、岐阜県の美濃電気鉄道を合併し名岐鉄道となり、名・岐を直結する布石を整えた。

モ252。旧尾西のモ201・202を1933年に下呂直通用のモ250形に改造した。◎森下

2-1 名古屋鉄道（名古屋電気鉄道）が開業

撮影：福島隆雄、阿部一記、清水 武

　1912（明治45）年8月6日には一宮線の枇杷島〜西印田間（複線）16.5km、犬山線の岩倉〜犬山間15.2km（犬山口〜犬山間複線）を開業した。さらに9月1日には貨物営業も開始した。翌年には西印田〜東一宮間0.6km（複線）を延長開業し、東海道本線とは別ルートで名古屋と一宮を結んだ。この年の11月20日には都心に近い柳橋に郊外線の駅を独自に開業し、郊外線の列車の乗り入れを開始した。このことが名電、名岐時代を通じてのパンタグラフとポール併用のスタイルを生んだ。

　1914（大正3）年には枇杷島橋〜新津島間13.9km（複線）で開業した。これは従来、津島から弥富経由で名古屋を結んでいた尾西鉄道には脅威となった。1914（大正3）年9月22日、焼き討ち事件後の混乱の中、須ケ口〜清州間1.8km（単線）が開業した。1916（大正5）年4月1日には尾西鉄道との間で貨物の連帯運輸を始めるが、どういうわけ1925（大正14）年7月に実施された自動連結器への取り換えが旧尾西鉄道の貨車には実施されなかったのか、押切駅で連環連結器付の貨車の入れ換えをしたと語る先輩がいた。

　名電時代最後の新線である小牧線の岩倉〜小牧間5.1km（単線）が1920（大正9）年9月23日に開業した。1922（大正11）年7月11日には岩倉〜犬山口間を複線化。8月1日には市内線を名古屋市電気局へ譲渡し、名古屋鉄道（名鉄）としての営業が開始され、11月16日には柳橋駅改築が竣工し本社も移転した。翌年1月には押切町からの乗り入れルートを菊井町と明道町経由に変更、5月1日には一宮線と犬山線で急行運転を開始した。

　1924（大正13）年2月1日には、前年合併していた蘇東線の一宮〜起間5.3km（1953年6月廃止）を開通させたがこれは純然たる軌道線であった。次に1925（大正14）年4月24日に犬山口〜今渡12.4km（単線）を開通。さらに8月1日には尾西鉄道の鉄道事業（弥富〜木曽川港・新一宮〜国府宮間40.1km）を譲り受け、営業キロ112.7kmの鉄道となった。これにより、かねてから念願の名古屋〜岐阜間の路線を目指す第一歩となった。

　1926（大正15）5月には犬山線を犬山橋（現・犬山遊園）まで1.2km

モ601。名鉄（初代）の車両だが名電時代の続番で1519〜25として製造された（デボ600形→モ600形）。◎森下

旧美濃電新岐阜駅に入線したデボ708（モ708）。

延長、10月1日には併用橋の架橋を待って新鵜沼まで0.8kmを複線で開通し、犬山〜新鵜沼間も関線から犬山線となり、名鉄の線路が初めて岐阜県に入った。このとき高山線と連絡した。

　1928（昭和3）年2月3日には国府宮〜西清州（現・新清洲）5.6kmを複線で開通させ、旧尾西鉄道（1925年8月1日合併）の新一宮〜国府宮間も複線化した。これにより一部徒歩連絡ながら新一宮〜

押切町を結ぶことが出来た。これも4月10には西清州〜丸ノ内間1.0kmが複線で開通し、晴れて電車が直通した。

1928(昭和3)年7月28日には、木曽川橋〜笠松間でバスが開通し、美濃電気・竹鼻・名古屋の三社線連絡による岐阜から名古屋へのルートができた。

車両のほうは、1925(大正14)年に1500形の続番で1519〜25(のちにデホ600→モ600)に変更し、鉄道線らしい車両の増備に踏み切った。翌年には一宮線の全通に備え国産制御器(自動進段・AL)を装備したデホ650形5両を追加した。さらに増備され15両となったが、うち7両とデホ600形7両は戦後の西部線昇圧後も600V区間の電動車として活躍、モ600、650形のうち8両は付随車(サ)時代を経て1951(昭和26)年ク2230形となり、一部は鋼体化の種車となり、一部は1965(昭和40)年12月まで残った。

モ704　名鉄初の半鋼製車。1927年日車製。一部の台車は3700系に流用。◎新岐阜

モ758。モ700形の増備車。700形とともに名岐時代の主力。当初はポールを併用した。◎上飯田

その後は1927(昭和2)年のデセホ700形、翌年のデセホ750と半鋼製車、丸屋根の時代となる。この時はまだ柳橋への乗り入れのためポールが必要で、パンタグラフは車体中央に載せた。この2形式は戦後、他社転出や鋼体化の一環として台車を600V木造車のものと交換したが、最後の1両は1970(昭和45)年まで残った。

1929(昭和4)年1月22日には今渡〜広見(現・新可児)間2.6km(単線)が開通し広見線と改称した。ここで国鉄太多線、東美鉄道と連絡した。

1930(昭和5)年8月20日、ついに永年の懸案であった美濃電気鉄道と合併し、名岐鉄道と改称することになった。これにより鉄道33.3km、軌道31.6kmを継承した。このとき岐阜から名古屋を1本の鉄道で結ぶには木曽川に架橋する必要が残った。その場所については地元との調整も必要であり、当時の会社の年間収入約300万円のなか、200万円と予想される架橋費用の調達も一大事であった。最終的には8径間484mの現位置での架橋となり、大工事となった。ついに1935(昭和10)年4月29日、架橋が完成し、押切町〜新岐阜間全通し、特急が34分で結んだ。

12月20日には蘇東線が新一宮構内に乗り入れ連絡した。この間1931(昭和6)年2月11日には未開業のまま合併した工事中の城北線・上飯田〜小牧間9.7km、勝川線2.1km(いずれも単線)を非電化で開通、4月29日には尾北線小牧〜犬山間10.9kmも(単線非電化)で開通し城北線と合わせて大曽根線と改称した。なお、3月1日には新一宮駅は国鉄尾張一宮駅との共同使用駅となった。

旧美濃電の新岐阜駅に入線したデボ768(モ768)。◎大谷

2-2 初代・名古屋鉄道が合併した路線と車両

(1) 名電の車両

　名電最初のボギー車は1500形であり片側3扉車として登場した。制御器はこの時以来、自動進段の(AL)車であり、その後、1923(大正12)年にモ400、450形、1925(大正14)年のモ600形といずれも1500形の続き番号で増備され、1927(昭和2)年4月の、デホ(モ)650形までは木造二重屋根の車体が続き、同時に製造されたデセホ(モ)700形からは3扉車体の丸屋根鋼製車となる。これらの制御装置は一貫して自動進段である。モ600、650の木造車グループはさきの1500系シリーズと異なり、1948(昭和23)年の西部線の昇圧時にも電動車として残り、残った各務原線や小牧線などの支線区で活躍した。

　モ650の一部がク2230形に変わるのは戦時中のことだった。1935(昭和10)年4月の名岐直通運転を期して登場した新車モ800形のグループはスタイルを一新し、箱形2扉のクロスシート車体を持ち、パンタグラフだけを装備する堂々たる高速電車として登場した。モーターも112.5w×4と今までにない高出力である。このスタイルはこの後、名鉄スタイルの元祖となって、2扉車体車両の源流となる。

(2) 美濃電の車両

　合併によって名岐鉄道となった美濃電の路線は、笠松線と揖斐線を除いては軌道線が31.6kmを占める一大勢力であり、しかもその創業期からの車両の多くが岐阜地区での路線廃止の2005(平成17)年4月1日の半世紀近く前、昭和40年代まで多くの車両が健在だった、鉄道線車両としては揖斐線・谷汲線のセミシ64(モ110形)3両、セミシ67(モ120形)10両と遅れて合併した谷汲線のデロ7(モ130)6両が半鋼製単車である。木造単車はデロ1(モ100形)6両であった。これらは戦中戦後には電化直後の小牧線や廃止前の旧西尾線、開通直後の豊川線で使用された。美濃町線用のセミボ510形も半鋼製車であったが、笠松線が本線の一部となってからは鉄道区間には入線しなかった。木造ボギー車ではモ500、520形があった。

モ802。名岐直通運転を期して製作したモ800形。名鉄スタイルを確立した。

ク2238。モ650形がク2330形になるのは西部線昇圧後。

モ803・モ805。名岐直通運転を期して、名岐鉄道が新造した。この後の2扉箱型車体の名鉄車両スタイルの基本となった。

モ110。美濃電のセミシ64形。63番までは市内線車両で埋まっていた。

モ105。旧谷汲のデロ1形、国鉄の2等車並みに青帯を巻いたと言う。

第2章 路線の拡充と合併路線

(3) 尾西鉄道

尾西鉄道は1900(明治33)年の創業で、名鉄の現在線で一番歴史のある路線である。1923(大正12)年11月には全線電化し(新一宮～国府宮間は未開業)、デホ100形(モ100→モ160)8両とデホ200形(モ200)7両の陣容だった。尾西の電車はHL制御を採用していた。モ160形は3両が戦時対策として山陰中央鉄道などへ供出、他は揖斐線で使用された。モ200形は1・2が1933(昭和8)年にモ250形に改造され、室内の半分を畳敷き、貫通路を設備し、週末の下呂直通列車に使用された。戦後はモ200形5両とともに瀬戸線で使用され、そのあと1966(昭和41)年まで揖斐線に在籍した。

(4) 各務原鉄道

各務原鉄道は美濃電グループの会社として1927(昭和2)年9月に長住町(新岐阜)～東鵜沼(新鵜沼)間を開通させ、1935(昭和10)年に名岐鉄道と合併した。車両はK1-BE形(モ450)8両の中型木造ボギー車であり、HL制御車である。3両が山形交通などへ供出された。戦災被災車(モ455旧452)もあったが復興され、5両はニセスチール化され小牧線から揖斐線へ移りAL化改造され、そこが最後となった。

モ131。旧谷汲のデロ7形。1926年の開業翌年、谷汲山御開帳に備えて新製された。◎忠節

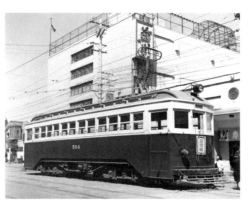
美濃電のBD504。最初のボギー車である。晩年は鏡島線で活躍した。1921(大正10)年製。

美濃電BD507。1923(大正12)年製。木造ボギー車。520形も揖斐線直通に起用された。

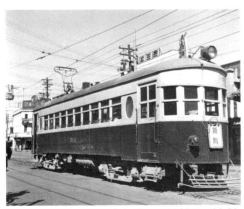
美濃電のBD511。半鋼製ボギー車で1926(大正15)年製。笠松線にも入線。戦後揖斐直通車として人気が出た。

モ160。尾西鉄道が電化に備えて新製したデホ100形。背景は谷汲鉄道の本社。◎黒野

モ202。尾西鉄道のデホ200形。HL制御車だった。

モ128。旧美濃電のセミシ67形。日車製も4両あるが、写真の128号は藤永田製。◎黒野

各務原鐵道のK1-BE形(モ455形)。8両あり、各務原線の戦時輸送を支えた。戦災にあたり供出対象となり、5両が残った。

2-3 愛知電気鉄道の路線拡張と合併会社

(1) 愛知電機鉄道の車両

1912（明治45）年2月18日、電1形8両で伝馬町〜大野町間23.3km（単線）が開業した後、8月1日には秋葉前まで0.4kmを延長して神宮前に近づいた。その後、1913（大正2）年3月29日に大野町〜常滑間5.2kmを開業し、8月31日には東海道本線の乗り越し跨線橋が完成して神宮前駅が開業、国鉄熱田駅との貨物連絡線も完成し、10月25日には貨物営業を開始した。

その後は常滑線の複線化を順次進める一方、1917（大正6）年3月19日有松線（後の名古屋本線）神宮前〜笠寺間4.1kmを開業した。1921（大正10）年5月には最初のボギー車である電3形6両を新造した。この時の愛電車両の制御器はウェスチングハウスの電気品を装備し、HL制御器が基本となる。この後も常滑線の複線化と豊橋線の延伸に努め1923（大正12）には東岡崎に達した。翌年には築港線も大江〜西六号地まで開通した。

1939（昭和14）年10月16日複線化、1924（大正13）年12月15日には、豊川鉄道との間で「豊橋付近の両社線路の連絡、豊川鉄道線の複線化、列車の直通運転、連絡運輸等に関する契約」を結び、愛電線の豊橋乗り入れを実現可能とした。次いで1925（大正14）年6月15日には東岡崎までの1500V昇圧を実現した。このとき、電3〜5形は昇圧されずに常滑線用となった（常滑線の昇圧は1929（昭和4）年1月18日）。これに備えて製造された電6形（モ1010）は複電圧車であった。

モ3209。愛電・電7形で最初の半鋼製車。愛電スタイルを確立した。◎金山橋

いよいよ1926（大正15）年4月1日には東岡崎〜小坂井間26.1kmを完成、豊川鉄道線を介して豊橋（吉田）まで直通運転を開始した。そして豊川稲荷への初詣のため終夜運転も始まった。小坂井までの延長線は最初から1500V電化、複線で建設され、翌1927（昭和2）年6月1日には豊川鉄道との共用区間も複線、電化が完成して神宮前〜豊橋（吉田）間62.3kmを直通運転開始、特急63分、急行72分で結んだ。このとき変電所の新設、37kgレールの採用、3位式自動閉塞信号機の設置、車両は電7形（デハ3080→3200）9両を新造し、直通・高速運転に備えた。

電7形の車体寸法は在来車の延長であったが、初めての半鋼製車で100馬力モーター4個を装備した。また付随車も半鋼製車であった。このとき愛電もまた2扉、クロスシート車体となった。この当時は珍しい全鋼製のデハ3090形として製造され、愛電車両の一員となったが、戦時中の酷使と全鋼製車の保守方法も確立されないまま、老朽化がひどく、計画的な鋼体化工事の始まる前1953（昭和28）年11月、荷物専用車デニ2001に生まれ変わった。

さらに1928（昭和3）年7月に新造したデハ3300形は、両運転台だが車体を拡大し長さ18mとなり、台車にはコロ軸を装備して高速運転を目指した。12月には3300形の増備として片運転台のデハ3600形（→モハ3350）を増備し、人気に応えた。これらの新造車に

モ3210。愛電・電7形でモ3210号は当初サ2021として登場した。◎三河知立

第2章　路線の拡充と合併路線

モ3302。初の18m車体の車。豊橋直通に備え「大ドス」と愛称された。◎神宮前

モ3357。モ3300形の増備で片運転台となった。◎金山橋

より1930（昭和5）年9月からは1日1往復だが超特急「あさひ」が神宮前～豊橋間を表定速度65キロの57分で走破した。旅客は増加したがこのとき要した費用1600万円をカバーするには十分ではなかった。この電車は通称「大ドス」と呼ばれるくらいの大型車だった。これらの車両は戦後も長い間活躍し、昭和40年代に車体新造で3700系に生まれ変わった。

この間、1929（昭和4）年1月18日には、常滑線も1500Vに昇圧した。このとき愛電線に係る鉄道路線は合併した碧海線と西尾線を除いて1500V電化で統一した状態だった。

ここまでは愛電独自の路線展開だったが、次に名岐鉄道と合併する前に愛電路線となった会社に触れよう。

（2）西尾鉄道と碧海鉄道

まず西尾鉄道と碧海電気鉄道であるが、西尾鉄道の歴史は古く、1911（明治44）年に西尾～岡崎新まで762mm軌間の蒸気鉄道として開通した。ところが愛電が別会社として設立した碧海電気鉄道が今村（現・新安城）から線路を延ばし1928（昭和3）年10月1日に西尾に達すると碧海電鉄に吸収され、従来の路線を改軌・電化した。

碧海電鉄は、自社路線と合わせて吉良吉田まで直通運転を実施、西尾～岡崎新間は西尾線（初代）となった。さらにこのとき愛電は、当初1500V電化していた碧海電鉄線を600Vに降圧させ、車両を交換した。愛電からは電3型が3両、碧海からはデハ100形が3両が

モ1011。元碧海のデハ100形で1500V車だが、電3形との交換で愛電1010形となった。

出され、交換された。デハ100形（合併によりモハ1010形となる）は碧海線の線形が良いため、高速運転ができるよう木造車だがコロ軸の台車を使用していた。さらに電気品とブレーキは珍しくドイツ製であったが、戦時中に電気機関車用に供出して制御車となった。

（3）知多鉄道

いま一つは子会社知多鉄道であり、1931（昭和6）年太田川～成岩間15.8kmを開通させ、1935（昭10）年に河和まで全通させた河和線である。名鉄となるのは1943（昭和18）年2月1日、知多鉄道には木造車はなく愛電のデハ3300形より長さが1mほど短いだけの「2丁パンタ」のデハ910形8両を仲間に入れた。このほか、モ950形3両もあったが、名鉄350形となった。

モ915。元知多鉄道の910形。愛電デハ3300形よりもやや小さい。戦後は昇圧前の瀬戸線で600V化されてモ900形として活躍した。◎金山橋

Column 『名古屋市史』に登場する名古屋鉄道②

瀬戸自動鉄道株式会社の設立

名古屋電気鉄道の事業の安定と企業的成功に刺激され、名古屋周辺では鉄道事業に乗り出すことを企てる者が現れるようになった。明治35年（1902）3月に、瀬戸町と西春日井郡六郷村などの有志が資本金23万円で瀬戸自動鉄道株式会社を設立した。会社設立時には101名の株主が名を連ねたが、このうち49名が瀬戸町、28名が名古屋市、16名が六郷村の在住者であった。

大曽根と瀬戸は瀬戸街道で結ばれる位置関係にあり、陶磁器を中心とした産業活動を通しての地域的交流が盛んであった。これら2つの地域を結ぶ鉄道建設計画は、こうした関係を強化することを目的として立てられた。瀬戸自動鉄道株式会社の取締役会長には、当時の瀬戸窯業界を代表する実業家の加藤杢左衛門が就任した。

この鉄道建設計画の背景には、中央線の敷設決定がある。すなわち、明治27年に中央線の敷設が決定された際、名古屋付近では千種と勝川に停車場が設置されることになった。瀬戸方面の住民にとって、大曽根は物資の集散地であり交通の要衝であったにもかかわらず、大曽根は停車場設置の候補地にのぼらなかった。このため、明治28年に大曽根と瀬戸をはじめとする付近36ヵ町村の人びとは停車場期成同盟を組織し、関係敷地の寄付を条件に停車場を設置するよう鉄道当局へしばしば懇願した。しかし、政府は容易に承認を与えなかったため、地方有志の間に自ら鉄道を敷設して地域間の交流を盛んにし、その成果を停車場設置に結びつけようとする動きが生まれた。

東春日井郡春日井村の河村吉太郎らが発起人となった瀬戸鉄道株式会社の軽便鉄道の目論見書（明治29年1月）によれば、大曽根から瀬戸方面へは松薪材、雑木、雑木灰、米、麦、味噌、醤油などが主要貨物として見込まれるとしている。また瀬戸から大曽根へは、磁器、陶器、繭が主な輸送貨物としてあげられている。生活物資や燃料を瀬戸方面に送り、陶磁器製品を大曽根に輸送する構図を見て取ることができる。

明治33年7月に中央線の名古屋〜多治見間は開通したが、停車場のない大曽根はなんら恩恵を受けることなく、交通の要衝としての地位を低下させる一方であった。事態を憂慮した期成同盟は愛知県知事の助力を要請し、熱心に運動をすすめた。その結果、鉄道当局は停車場用地とその土盛工事の負担、それに東春日井郡瀬戸町との間に交通機関を開設することを条件に、大曽根駅の設置を承諾した。これが先に述べた瀬戸自動鉄道株式会社の設立につながった。

瀬戸自動鉄道株式会社は明治37年1月に敷設工事に着手し、中央線との立体交差の関係もあるため、ひとまず翌38年4月に矢田〜瀬戸間（14.6km）を開通させた。さらに翌年の39年3月には大曽根〜瀬戸間の全線を開通させた。開業当時はフランスから輸入したセルボレー式蒸気原動車を使用したが、効率が悪く故障も頻発した。故障の際は乗客をトロッコに移して人力で代行輸送するありさまであり、利用者の信頼を失った。

このため同社は、かさむ修理費を抑え低下する収入を確保する目的で、明治39年1月に動力を蒸気から電力に変更する許可を得た。そして翌年1月に社名を瀬戸電気鉄道株式会社と改めた。同年3月から電車の運転を開始し、輸送本数をこれまでの14往復から22往復に増やした。その結果、大曽根と瀬戸方面との間の行き来が盛んになり、乗車人員も明治39年の7万9000人から40年の13万4000人へと大幅に増加した。

第3章
名古屋鉄道の発足と
その後の合併会社

　名古屋市の西と東に路線を広げていた名岐と愛電は、地元からも一本化を望まれていた。しかしも両者の路線はどこにおいても繋がっていなかった。そんな折、国鉄名古屋駅の移転拡張計画が具体化し、名岐も愛電もその跡地への乗り入れを計画していた。そうした頃、地元商工会議所や名古屋市の勧告もあり、両社内にもいろいろ議論があったというが合併話がまとまって、1935（昭和10）年8月1日に両社は1対1で合併となった。合併話のなか3月28日には名岐が各務原鉄道を合併した。また、4月15日に愛電は豊川鉄道を介して三信鉄道の天竜峡まで直通運転の「天竜」を走らせた。この年7月、両社の合併気運はすでに盛り上がったのか、愛電が神宮前〜新舞子間、名岐が柳橋〜犬山間に納涼ビール電車を運転した。

竣工間近のモ3400系。独特の特急マークを付けている。

3-1 流線形電車の登場から戦時体制へ

撮影：福島隆雄、阿部一記、清水 武

名岐と愛電が合併し、2年後には名古屋で汎大平洋博覧会が開催された。新名鉄はこの時を期して、流線形電車モ3400系2

一番右がモ3400系。車体更新工事後、窓・ドアのRもなくなり、クリームに赤帯となった。

両編成3本を新製し、豊橋線に投入した。このスタイルは当時のイギリスの鉄道雑誌にも紹介されたという（白井昭氏談）。同時に登場した国鉄の電気式気動車、流線形のキハ43000系3両編成が名古屋駅と博覧会会場駅を結んだのと並び話題になった。

3400系4両編成。ロマンスカーとして最も美しい時代だった。

それにも増して画期的なことは、旧愛電線に自動進段制御の（AL）車3400系が登場したことで、回生制動まで装備し、台車にはD-16ながらスゥエーデン製のベアリングを装備した高速仕様だった。旧・愛電線（東部線）では初めてのAL制御車の採用であった。不思議だったのは、オールクロスシート車でありながら、扉幅が1200㎜と広く、のちに鋼体化の3730系の1400㎜扉が現れるまでは最大幅であった。

当時、社内で主導権を持っていた旧愛電系の経営者が「東部線だけに新車投入では、あんまり」ということで（と噂されたという）、

名岐線にもモ800形の増備でモ850形とク2350形の流線型2両編成2本を登場させ、帳尻合わせをしたという。台車は従来通りのD-16のままであった。同時にモ830形（最初はサ2300で、後に電装）とク2310形（最初は付随車として制作され各務原線の戦時輸送に使用

3400系の団体臨時列車。昭和30年代までは団体用に人気があった。

西部線の流線形850系の制御車。最初はオールMの時代もあったという。

西部線流線形の電動車。戦後昇圧の対象となった。最初は前面妻に白帯が3本あり、「ナマズ」の愛称をもらった。

され、昇圧後に制御車化され、モ830形と固定編成）も製造された。

この後はモ3650形（モ3350）やク2080形などの増備と蒲郡線用のキハ80形の新造があった。戦時に入る前の優秀車両として忘れられないのは1941（昭和16）年6月製のモ3350－ク2050系である。ク2050形の中にはシートに白いカバーを付け、当時豊橋連隊の司令官だった賀陽宮が名古屋から豊橋への往復に使用されたといわれ

第3章　名古屋鉄道の発足とその後の合併会社

モ851。3400系と異なり、一般のAL車扱いで特別扱いはされなかった。

ク2082。手持ちの台車に鳴海工場製車体を乗せた木造車。

る専用車になった。
　戦後の改番でモ3600形－ク2600形となり、スタイルは3400系の流れを汲み、窓上部にはＲが付き、２扉クロスシートの車体は国電

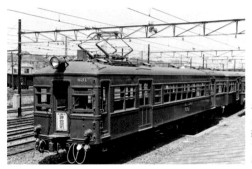

モ831。最初はサ2300として登場したが、後に電装された。800形グループは1500V昇圧の対象となった。

ク2313。最初は付随車サ2310形として各務原線の戦時輸送に活躍。モ830形と固定編成を組んだ。

モ3603。AL車中のロマンスカー。名鉄の半流線形として人気があった。戦後は複電圧車として活躍した。

ク2602登場時はク2050形で、貴賓輸送にも使用された。写真は原形の時代。

モ3652。クリームに赤帯の時代。戦前最後の車両とも言える。

ク2071。元・国鉄の木造客車を購入し、1942年に鳴海工場で改造した。

モ3652。モ3600の片運転台版。3600形と同じカラーの時代があった。

同じような外観のモ3650形（片運）も登場した。戦前製のまともな新製車両はここまでである。1940（昭和15）年、鳴海工場製造のク2070と2080の２両、2090が木造車であり、2070と2090は旧国鉄客車の仕立て直しである。

また、ク2100形は新製扱いで旧名電のモ650形の電装解除車を1500V制御車とした。のちに1500Vのままク2239として形式統合された。この後にはク2650形、ク2500形３両があるが、十分に整備されたのは戦後である。

の半流に比された。制御器は東芝製のPB-2を装備し、戦後1955～56（昭和30～31）年に油圧カム軸式の制御器を利用し、複電圧に改造され、車体塗色も3400などと同じOR色となった。早い時期に社内放送装置を装備し、600V区間の蒲郡線直通の観光列車に運用され、1960（昭和35）年、西尾線から始まる支線区の昇圧工事に際しては、事前教習用に活躍した。昇圧工事が完了した後は名鉄標準の制御器ES-568に変わった。

ク2080。1941（昭和16）年に鳴海工場で手持ちの台車に木造車体を乗せた。

3-2 戦中、戦時の車両増備・瀬戸電気鉄道と三河鉄道などの合併

（1）瀬戸電気鉄道

　名鉄は1937（昭12）年７月には、国鉄名古屋駅の移転を待って、現・名古屋駅の連絡ルート笹島線の工事に着手した。1939（昭和14）年９月１日には瀬戸電気鉄道を合併した。瀬戸電は1905（明治38）年にセルポレー式蒸気原動車を使用して瀬戸～矢田間を開業し、２年後の３月17日には電車運転に切り替えた会社で、尾西鉄道に次いで古い会社である。最初は路面電車タイプの車両を使用したが、地元産業の製品（陶磁器）と石炭などの原料を国鉄中央本線の大曽

ク2201。旧瀬戸電が急行用に製作したキハ300形を、戦後、制御車とした。

第3章　名古屋鉄道の発足とその後の合併会社

モ550。元・瀬戸電のホ100形のうち木造の2両がモ550形となり、半鋼製車がモ560形となった。

モ568。モ560形で瀬戸線ではビューゲルを付けていた。揖斐線ではモ760形となった。

モ1101。旧伊那電デ110形をデ200として、モ1100形となった。

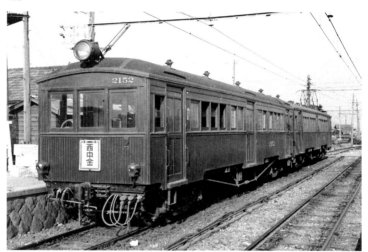

ク2152。最初は荷物室付きのクハ50形で、荷物室付きだった。

モ1083。三河鉄道自前の新造車として1926年に登場。当初2扉クロスシート車で「夫婦電車」と呼ばれた。

根駅に搬出入する輸送ルートとしての使命があった。

　この鉄道はよく知られるように都心へのルートを旧名古屋城の堀の中を通り、1976（昭和51）年2月の栄町乗り入れの工事を前に廃止された。市内区間では瀬戸電時代から名電との平面交差があった。

　車両は軌道線用スタイルが多く、郊外線用車両は木造車モ550形2両（大正14年製）と半鋼製車モ560形10両（大正15〜昭和4年製、瀬戸電時代はともにホ100形式）で、ほかには軌道線時代の単車も多かった。戦時の輸送力を補うため一部を鉄道線で付随車として転用したほか、岐阜や岡崎市内線に転用した。特筆すべきは戦時の電力不足を補うため、気動車（キハ300形）を2両持っていた。名鉄では付随車とし、1950（昭和25）年には600Vの制御車（72200）として使用し、最後は福井鉄道へ譲渡された。

　1940（昭和15）年には渥美電鉄を合併したが、戦後になって豊橋鉄道として独立、名鉄からの車両供給はあったものの名鉄への車両編入、引き継ぎはなかった。

(2) 三河鉄道

　1941（昭和16）年には残る大物の三河鉄道を合併した。三河鉄道との合併話は愛電時代からの懸案事項であったが、両社話し合いがまとまらず、戦時色が濃くなるこの年まで延びた。このとき旧三河鉄道線を三河線・岡崎線（愛電時代に岡崎電軌を合併）とした。

　引き継いだ車両は数が多く、しかも木造車が多かったために戦後の車両近代化に際して、3700系鋼体化車の種車となるものが多かった。また、国鉄等の他社から購入した車両を整備して使用したり、

モ3001。1929年に新製されたデ300。乗務員室扉は片側のみだった。

モ3101。鉄道省由来のデロハ6130形(モユニ2005)を鋼体化した車両。後に最後はク2101として600V線区で使用された。

ク2121。元・筑波鉄道の客車を制御車とした。

ク2091。元・国鉄の木造客車を改造し、ク2090として最初1500V、HL制御から600VのAL制御車となった。

自社工場で車体新製の例もあった。

　伊那電鉄のデ110を購入したデ200のモ1100形、三河鉄道本来の車両は木造車のデ100形(大正15)年製(モ1080形)8両と同系の制御車クハ50形(クニ2150形)4両で、これらは夫婦電車と呼ばれたクロスシート2扉車であった(合併後3扉化)。

　このほか、半鋼製車では1929(昭和4)年に新製したデ300形(モ3000形)2両と伊那電が、鉄道省の電車デロハ6130の末裔であるモユニ2005の払い下げを受けた。1940(昭和15)年木南車両で鋼体化したモ3101形1両の計3両で、他は岡崎電気時代の木造車モ460形や非電化時代の蒲郡線で使用したガソリンカー改造の付随車、鉄道線用に筑波鉄道(ク2120形)や国鉄の木造客車を購入して付随客車(ク2070形、ク2090形、ク2130形、ク2140形、サ2170形)とした雑多な車両であった。

　合併後は一部が電動車(モ1090形)や制御車、付随車として使用され、戦後これらの多くが鋼体化改造の種車となった。鉄道趣味的にはともかく、現在ではとてもお客様を乗せられるような代物でない車両も多かった。

ク2131。元は三河鉄道が購入した国鉄の木造客車を、戦後、ク2130形制御車とした。

ク2141。元は三河鉄道が購入した国鉄木造客車の車体を新製した車両。

サ2171。1943年日車製というが、電動貨車の足回りに新製車体を乗せた物。

モ461。岡崎電軌のデハ202・201もあったが、一足先にサ2111と電装解除され、珍台車リンケホフマンを履いていた。

3-3 戦時下の車両事情

(1) 戦中の編入車と新造車

　1941(昭和16)年以後の新造車はモ3350形−ク2050形(後の360系)の2両編成4本とモ3650形2両がまともな姿で登場したが、このあとは戦時色が濃くなり、1942(昭和17)年製造のモ3500形は、1・2・5号車が西部線、3・4・6・7号とク2500形3両が東部線へと分散配置された。同一形式が線路の繋がるまえに西と東に分かれて配置された最初の例である。時節柄、当初は3扉車ロングシート車として登場したものの、戦後1951(昭和26)年に2扉化された。

　1943(昭和18)年2月1日にはもともと愛電の子会社であった知多鉄道を合併し、モ910形7両とモ950形3両を編入する。モ910形は旧愛電のモ3300形類似の車両であり、後者は後に3500形(3508〜10)に編入された。

　また、3月1日には東美鉄道(新広見〜御嵩、伏見口〜八百津間14.1km)を合併してデ1形3両とデボ100形2両(半鋼製車)2両を引き継いだ。さらに竹鼻鉄道(笠松〜大須間16.1km)を合併し、車両8両を組み入れた。このほか竹鼻鉄道が発注し未完成だったモ770形2両が合併後に納入された。この2両は戦後昇圧され、1500V区間でも使用されたが、竹鼻鉄道仕様で車体長15mと小さかったために支線区回りに運用され、最後は揖斐線の制御車として1968(昭和43)年まで使用された。

　異色の存在としてはク2180形2両が日本鉄道自動車製で生まれ

モ772。竹鼻鉄道が発注して合併後に完成した。連結運転をするため貫通路を設けた。

モ771。モ772と同じだが、貫通路の設置方向が異なる。

ている。形態は後のク2800形に似ているが、客室窓が1個少なく正面の貫通扉は1957(昭和32)年に設置された。廃車前はモ830形と固定編成を組んでいた。さらにこの年6月には、戦時不要路線として廃止となった四国の琴平急行電鉄からデ1〜3、5〜7の6両を譲り受け、600V線区の西部線に投入した。これらは日立製のHL車であり、モ180形として戦中・戦後に使用された。

ク2181。戦時中に出来た日鉄自動車製の車両。ク2800形に似ているが、窓が一つ少ない。

モ180。戦時に廃止された琴平急行電鉄から転入。珍しく日立製の電車。支線区で使用された。

1970（昭和45）年6月には一部車両が美濃町線の新岐阜乗り入れの複電圧車として台車と機器を提供し、生まれかわった。これも戦後大手私鉄から地方私鉄に多くの車両を払い下げたのに比べると珍しいことである。

(2) 3500、3550系3扉車

戦時中には沿線に軍需工場や軍の施設が多かった名鉄は、輸送力増強が急務となり、前述ように古い国鉄客車や、近江鉄道（サ2250形）や成田鉄道（ク2210形）の中古車の整備、手持ちの部品を集めて仕上げた自社工場製の車両（サ2171形、サ50形）、瀬戸線の単車改造のサ40、60形も築港線では使用された。

さらに電動貨車（デワ1500形）の客車化等総動員で輸送にあたった。このとき、モ3600形に続く優秀車として計画されたモ3500－ク2500形は西部線に制御車として配置された。その後に登場した新車は3550系2両編成10本で、3500系に次いで3扉・ロングシートであり、戦時輸送に対応するものだった。しかし、このときはモーターや制御器などを調達できず、1947（昭和22）年頃まで付随車として使用された（そのためか、車両諸元表では22年9月製となって

サ2252は近江鉄道から購入した応援車両で、竹鼻線や築港線で付随車として使用。台車はリンケホフマン製という珍品である。

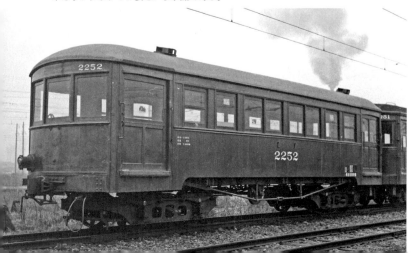

いる）。

モ3500形は1951（昭和26）年にクロスシート化されたが、3550系は戦後も2扉化されず3扉車のままで活躍した。ラッシュ時の混雑列車に優先使用され、酷使がたたったのか6000系の登場を待って廃車された。6000系登場までは犬山線の最混雑列車に運用指定され、担当者は苦心した。ク2500は設置計画のあったトイレも実現せず、ロングシートのまま終わった。

3扉車として戦時輸送に貢献し1948（昭和23）年には昇圧され、さらに1951（昭和26）年には2扉化工事を施工、1953（昭和28）年にはモ3506、3507を電装解除してク2655と2654に変更した。その中でモ3504は1960（昭和35）年に事故で焼失、モ3700形と同一車体で復旧するという特異なスタイルとなった。

さらに車両事情が厳しくなると瀬戸電の単車をサ10、20形として竹鼻線など支線区で付随車とした。極端なのは貨車（ワ204～207）を改造した客車（？）が広見線で使われた。また、三河線（現・蒲郡線）等の非電化線区では蒸気機関車が復活した。

東美鉄道も竹鼻鉄道と同じ時期に名鉄となるが、その1～3は名電のデシ500形でモ45形となって他社へ移籍した。ボギー車デボ100形2両はモ300形として竹鼻線で使用後にク2190形となり、1964（昭和59）年の新川工場の火災で1両が焼失、ク2191だけが瀬戸線に移り1973（昭和48）年まで活躍した。竹鼻鉄道からはデ1形（1～4）、デ5形（5～8→モ80形）が戦中、戦後に他社へ供出された。しかし、竹鼻鉄道時代に発注された半鋼製ボギー車は合併後1944

ク2211。三河鉄道が成田鉄道から購入した木造客車を制御車化した。背景に本線の東知立駅のホームが見える。

サ58。戦時の輸送対策として自社工場で6両が製作された。

サ2251・2252と同じ近江鉄道からの車両。

第3章　名古屋鉄道の発足とその後の合併会社

モ3504。戦時対策で3扉車として出場。戦後2扉クロスシート化。

モ3555。3扉ロングシート車だが、戦時で電装もされず出場。6000形登場まで唯一の3扉車として通勤輸送に頑張った。

サ21。やはり瀬戸電の単車（付随車）を流用した車両。

モ301。旧東美鉄道のデボ100形を編入し、モ300とした。小型車故、竹鼻線などで使用。

サ11。瀬戸電の単車を戦時輸送対策で客車にして使用。

（昭和19）年に日鉄自動車工業で完成し、モ770形として納車、昇圧もされ1500V線区で使用。その後1966年（昭和41）年に揖斐線へ移り、制御車ク2170形となり、1968（昭和43）年に廃車された。

このとき、他社からの転入車ではモ180形6両（1929年製）がある。名鉄では異色の日立製の電装品を装備する車両である。戦時政策により廃線となった琴平急行電鉄から来たコンパクトな車両で、尾西線や竹鼻線で使用され、1953年（昭和28）年に6両とも揖斐線に移った。

本来の直接制御器は当時市内線用として新造したモ570、580形に譲り、自動進段化され、されに1973（昭和48）年には一部は台車（D-12）や電気品を新造のモ600形に譲り廃車、残りはク2161形を含め1973（昭和48）年には全廃された。さらに、近江鉄道からも1943（昭和18）年、クハ21形2両を譲り受け、サ2251、2252として竹鼻線で使用、最後は築港線の輸送力に加えた。サ2252は珍しい台車リンケホフマンを付けていた。

モ302。東美鉄道のデボ100形を編入しモ300形とした。モ302号はク2192になってから1964年に火災焼失。

ク2191。元東美鉄道のデボ100形をモ300形として編入。その後、電装解除してク2190形となった。

(3) 東西連絡線の完成

1944（昭和19）年8月には豊川鉄道が国鉄移管となり、吉田駅は豊橋駅となり、国鉄線との共同使用になった。翌年3月1日には名前だけの豊川鉄道、鳳来寺鉄道を合併した。碧海電鉄を正式に合併、かねて委託経営を受託していた谷汲鉄道も合併した。翌1944（昭和19）年になると尾西線奥町木曽川港間5.3kmや1940（昭和15）年に合併していた渥美線の三河田原～黒川原間2.8kmや清州線（1.0km）、12月16日には旧西尾線12.7kmを休止、その他複線区間の単線化などを実施し、その資材を転用して東西連絡線、神宮前～新名古屋間の建設や豊川線新設などを行い、東西連絡線は9月1日開通、12月15日には複線化が完成した。

線路は繋がったが金山を境に東は1500V、西は600V電化で、直通運転はできず、乗客は乗り換えを強いられた。1945（昭和20）年8月の終戦までに、車両だけではなく、新名古屋駅、金山駅、神宮前駅、東名古屋駅なども被災し、線路にも被害が出た。

1946（昭和21）年、戦災復興に取り組むなか、10月31日には三河線（現・蒲郡線）三河鳥羽～東幡豆間3.8kmの電化が完成、一方、12月12日には新名古屋駅舎が全焼した。さらに1947（昭和22）年11月24日には小牧～犬山間が600V電化となり、全線電化が完成した。1948（昭和23）年5月12日には待望の名岐、犬山、一宮、津島各線の電圧を1500Vに昇圧、16日から直通運転が始まり、線名も改称、整理されて名古屋本線が生まれた。

Column	『名古屋市史』に登場する名古屋鉄道③

名古屋電気鉄道の路線拡大

瀬戸自動鉄道は、国鉄大曽根駅の建設費用の負担とセルボレー式蒸気原動車の技術的欠陥のため、一時的に経営不振に陥った。しかし、電化にともなう社名変更後は、業績がしだいに上向くようになり、その後さらに鉄道事業の拡張を図った。市街地の北東端にあたる大曽根から市内中心部へ乗り入れる路線を新たに建設するという事業の取組みである。背景には瀬戸方面で生産された陶磁器を電車で堀川端まで輸送するというねらいもあり、そのために名古屋城の外堀を鉄道の敷地として利用するという思い切ったルート選定が行われた。

当時、名古屋城内には陸軍第三師団司令部をはじめ多くの軍事施設があった。このため、この路線の敷設許可はなかなか認められなかった。再三再四にわたって陳情が繰り返された結果、外堀線建設のための許可は明治42年12月に得られた。翌43年2月に、大曽根から土居下を経て名古屋城の城郭外堀を通って堀川に達する延長5.1kmの路線の建設がはじまった。そして、翌年の44年5月に大曽根から土居下までの区間が完成し、同じ年の10月にはさらに土居下から堀川にいたるいわゆる外堀線が単線で開通した。

当時、すでに市内で電車網が築かれつつあった名古屋市では、都市発展の勢いが市街地周辺にまで及ぶようになった。やがて、こうした勢いは名古屋周辺の町や村にも広がっていき、これらと名古屋市との間を行き来する交通も盛んになった。名古屋市とその周辺の間を電気鉄道（電鉄）で結んで増えた交通量に対処しようという機運が高まってきたのは、いわば自然の成りゆきであった。名古屋市とその周辺地域を結ぶ電気鉄道には、二つの類型があり、一つは都市間を連絡するものと、いま一つは名古屋市街地と近郊を結ぶものである。

名古屋電気鉄道は、名古屋市内での電気軌道事業の成功を踏まえながら、名古屋市周辺へ向けて鉄道事業を推し進めていった。郊外線の皮切りは大正元年8月に開通した枇杷島～西印田間（16.5km）であり、これは先に尾張電鉄と一宮電鉄から譲渡された事業の一部でもある。これと同時に尾張電鉄から譲渡された岩倉～犬山間（15.2km）も開通した。同年11月には、郊外線列車は柳橋駅へ乗り入れを開始し、同駅が郊外線の起点となった。さらに3年1月になると枇杷島橋～新津島間（13.9km）、同じく9月には須ヶ口～清州間（1.8km）が開業した。これらの郊外線は名古屋電気鉄道の鉄道部として経営されてきたが、電鉄市内線が名古屋市移譲されるのに備え、同社から分離独立して設立された名古屋鉄道株式会社によって、10年7月以降経営されることになった。

第4章
戦後まもなくの新造車

　戦後の名鉄に課せられた、最初の仕事は東西線の連絡が実現した名古屋本線の電圧統一であり、荒廃した車両の整備であった。そのために旧名岐のモ800系などの昇圧と、戦時に急造した3500系などの無電装車両の電装が行われた。それにもまして重要だったのは、昇圧のための新造車両の確保であった。運輸省から割り当てられた3700系（モハ63系）は名鉄の車両定規にはあわず、自社規格の車両が必要だった。そのため関係者の努力により、1948（昭和23）年5月、3800系71両の大量増備が実現したのである。

新車として豊橋～新岐阜間の直通特急に活躍した3500系。

4-1 3800系と以後の新造車

撮影：福島隆雄、阿部一記、清水 武

(1) 3800系の時代

　戦時の荒廃から脱出し、西部線の昇圧と東西直通運転が視野に入ってきた。そこで戦時下で電装できなかったモ3550形の電装、

モ3833。クリームに赤帯。運転台は踏切事故対策で嵩上げされている。

やむなく付随車となっていた車両や、モ800系など600V車両の昇圧準備に取り組んだ。こうしたなか、1948（昭和23）年5月に運輸省規格形の名鉄版であるモ3800-ク2800系が戦後初の新造車として登場した。この車体長約18mの車体は運輸省規格形と言われ、機器や寸法などは統一規格に近いがスタイルは800形に始まる2扉車である。

　この時代、大手私鉄に対しては新造許可の代替えとして、地方私鉄の救援用に代わりの古い車を差し出すことが義務とされており、名鉄も63形割り当ての際、代替えで各務原鉄道からのモ450形3両を山形（451）、蒲原（455）、尾道鉄道（458）に、尾西鉄道出身のモ100形（モ160）3両を菊池（101）、山陰中央（102、103）の各社へ提供した。さらに、旧名鉄のデシ500由来の元東美の1～3を熊本電鉄へ2両、日本油脂（専用線）に1両、さらに竹鼻鉄道の1～8のうち6両を松本電鉄、野上電鉄、熊本電鉄に2両ずつ提供した。このうちその後も名鉄で使用を続けたのは各務原鉄道と尾西鉄道の車両（モ450形5両）であった。

　なお名鉄へ入線した63形は、長さ（20m）も幅も国鉄定規であり、当時の名古屋本線の庄内川橋梁が通れず、栄生以東しか入線できないことから、1949（昭和24）年には東武鉄道へ14両、小田急電鉄へ6両が譲渡され、名鉄ではほとんど使われなかった。

(2) OR車の登場

　3800系は63形とは異なり名鉄オリジナル車両であり、35編成70両と制御車1両（ク2836）が製造された。メーカーは電動車モ3800形35両と制御車ク2800形は2801～2815が日本車両、2816～2835

モ3828。クロスシート化され、クリームに赤帯の時代であった。

ク2829。3800形の原形に近い形を残す。

が帝国車両、2836が輸送機工業(1954年製)である。あの時代、日本車両と帝国車両は1948(昭和23)年5月から翌年12月の間によくも35編成70両もの車両を製造したと思う。まさに昇圧、東西直通運転時の立役者であった。以後、1971(昭和46)年に他社への転出車以外は7300系に変身するまで、途中クロスシート化の洗礼を浴びたものの十分に働いた。

主電動機はTDKの528/9HM・150馬力、弱界磁付、主制御器はカム軸式のTDK、ES 516-C、マスコンはES-80-Cで、後に主電動機を528/18PM等に交換した車もあったが、基本的には変わらず、7300系に車体更新時に主制御器を名鉄標準となったES-568Aに換装したぐらいである。3800系時代はワイパーも手動、スピードメーターもない時代に、運転士ともども良く活躍したといえる。

ク2836。輸送機工業製の異色の車両。

4-2 OR車と鋼体化(3700系)の登場

(1) 3850系(OR車)

3800系の次に、1951(昭和26)年7月に登場したのは固定クロスシートを装備した「ロマンスカー」と称した3850系である。社内ではORと呼称され、3400系や3900系のグループとして運用された。張り上げ屋根の車体はスマートで、登場時から窓下腰部がチョコレート色、窓周りから上が明るい赤クリーム色のツートンカラーであった。この後に新造された車両の外板塗装の標準色となり、パノラマカーの登場後も変わらなかった。

2両固定編成10本が新造されたが、電動車は日本車両、制御車は帝国車両製であった。登場時は2編成ずつの4両編成を組み、新岐阜～豊橋間の優等列車に使用された。いずれも半鋼製で電動車は自重44t、制御車は32tとヘビー級の車体であった。電装はモーターをTDK528/18PM、150馬力4個装備で、制御器はユニットスイッチ式のABFM-KL86を採用した。台車は電動車、制御車も同じFS-107を使用し、当初は電気制動を装備したが、昭和30年代で取りやめた。

3850系の試練は1958(昭和33)年11月24日、名古屋本線一ツ木駅付近の踏切で、シンナー積載のオート三輪車と豊橋行き特急列車

モ3853。3800系のあと、固定クロスシート、2両編成の3850系が登場。この車両からロマンスカー塗装、サーモンピンクと茶色のツートンカラーが始まった。モ3400系もこれに習った。

が衝突して炎上、運転士を含む死傷者の出る大事故が発生した。このとき、モ3857号を先頭車とする列車の前2両が被災し、モ3857号車とク2857号車は日本車両で車体を新造して全金属製となった。さらにモ3759号車も1960(昭和35)4月の事故により車体焼失し、1960(昭和35)年に全金属車体へと代わっている。

昭和40年代に行われた重整備工事により、モ3856-ク2856、モ3860-ク2860号車は全金属車並みの改造が行われた。そのほかの車両も踏切事故対策として施工された運転台高揚げ工事が全車両に実施され、前面形状に変化がみられる。

同時期に特急運用に組み込まれた3400系は、1950(昭和25)年12

モ3901系。4両編成で登場したモ3900系。

三河線のサービス改善を主目的に始まった第一次鋼体化は3700系の登場となった。最初は性能改善も狙いオール電動車とすることを目標としたが、すぐに量への転換が行われM-T編成に変わった。最初のころは貫通路に幌を設備した。

月にモ3450を増備して3両固定編成に、1953(昭和28)年にサ2450を増備して4両編成化した。このときまでは1937(昭和12)年製造の先頭車に合わせ窓上部や、扉開口部のRも踏襲され、扉幅1200mmも引き継がれたが、1967(昭和42)年から始まった不燃化工事により、前面形状の変更、扉幅の縮小、窓上、扉周りのR、外幌の廃止と大幅にスタイルは変わり、全車の重整備の終了時には外装もクリームに赤帯にかわった。スカートが残ったのはせめてもの名残だった。

(2) 3900系

続いて1953(昭和28)年には3850系と同じ車体を持つ3900系が、3400系と同じモ3900－サ2950－モ3950－ク2950の4両固定編成で登場することになった。このうち3901の編成は、この年8月に3400系の4両化に合わせて竣工したが、第2、3編成は12月に4両編成2本が竣工した。電機品はモーターは3850と同じ、制御器は再度TDKのカム軸式568-A、弱め界磁付きとなった。台車は電動車が3850形と同じFS-107、制御車と中間付随車がFS-13を装備した。最後の3905系の編成は異色の存在となった。編成は両端が制御車ク2900形中間2両がモ3950形となった。竣工は1954(昭和29)年7月、4両編成で登場した。

機構的には新機軸を採用し、次の5000系の試作的要素があっ

た。そのため電動車の台車はFS－16で軸距はFS-107より100mm短い2300mm、一体車輪を使用、電動機はTDK-528-12kmだが、制御器は三菱のユニットスイッチ式ABFM154-15MDKとなり、弱め界磁、発電制動付きとなり、空気制動用に中継弁も付けた。車体はほぼ3800系と同じだったが、パンタグラフは両端の制御車につけた。1年後には5000系の登場となり、試作車としての役目を果たした。

(3) 3700系等・鋼体化車の登場

すでに述べたように、旧愛電・三河鉄道系由来の車両は、木造車は無論、半鋼製車もHL車が多く、老朽化も進み、安全のためにも近代化が必要となっていた。名岐系の車両も、AL制御車が多いとはいえ、600V線区では大正、昭和初期の木造車、半鋼製車の近代化が不可欠となっていた。そこで昭和30年代初めから、まず1500V木造車の機器を利用して半鋼製、新設計の車体を新製し、乗せ換える工事が1957(昭和32)年9月から始まり、1959年7月までに21編成の3700系が生まれた。

この後一時中断するが、残る半鋼製HL車も陳腐化が激しく、第2次鋼体化が1964(昭和39)年9月から1966(昭和41)年5月まで実施された。今回はそれまで瀬戸線や、岐阜地区に残っていた600V線区の老朽車の近代化も合わせて行うことになり、600Vで残る半鋼製車は機器や台車を鋼体化用に譲り、600V線区で廃車となる木造車(モ650形など)の台車を組み合わせることもあった。この結果3730系と3770系が誕生し、木造車は一掃された。このとき廃棄された車両は、車体だけ、あるいは車両ごと、大井川鉄道や北陸の鉄道会社に移籍された車両もある。

3700系車両については、筆者が別に記した小著もあるが、第1次のモ3700－ク3700については、まず木造車をなくすことが先決で、モーター、制御器などの電機品、台車の流用、艤装についてもほとんど従来のままで、改良点は少なかった。そのため1964(昭和39)年3月の新名古屋駅での列車追突事故の遠因ともなった。第2次の3730系と3770系は1964(昭和39)年9月から、1966(昭和41)年4月にかけて77両が完成、さらに1966(昭和41)年には残る大型HL車モ3300形と3350形を淘汰することとし、予備品、新品の台車も使い10編成の3780系が登場し、一連の鋼体化工事が終了した。

第2次工事では、車体の基本設計は踏襲し、扉幅を1400mmの広

第二次鋼体化は3730系として始まった。初めての両開き扉(1400mm)を採用し、やはり幌付きだった。

第4章　戦後まもなくの新造車

第二次計画の終わる頃、クロスシート化の声が大きくなり、最後の12両はクロスシートで登場して3770系となった。

幅とした。ラッシュ対策を考慮したはずだが途中でクロスシート化ということで、40編成制作予定の3730系は65両と3770系12両が完成した。クロスシート化は3730系だけでなく、既存のAL車3800系などにもおよび、「クロスシートの名鉄」を決定付けた。

鋼体化工事により、電動車には電流計が付き、それまで、勘に頼っていたノッチ進段も電流計を見ての操作となり、オーバーロードの動作回数を減少させた。2次車からは制御車に装備したMG出力がアップされ低圧電源が十分確保され、実質的にはHB車となった。計画ではHL車は1975（昭和50）年には全廃する予定だったが、この近代化工事により寿命が延び、1991（平成3）年までかかることになった。

ク2702。この車だけ新製台車を装備していた。

こうした一連の鋼体化工事とは別に登場した車体新造車両があった。すでに触れたモ3850系の事故焼失車のほかにも旧モ3301、3304、モ914の3両であり、いずれも1949（昭和24）年製で、当時登場した3800系と同一車体で復旧した。いずれもHL制御車でモ3751～3753（初代）として登場した。その後3751、3752はAL車に改造され、汽車会社製の新台車KS-106を履き、名鉄での直角カルダン駆動の試験車となった。

試験終了後はHL車に戻されたが、3752は制御車ク2751（→ク2251）となり、1965年には3730の増備により番号が重複するため、モ3751を3251、モ3753を3252と改番、さらに1966には3両とも台車、機器を3780系の新造車に譲って電装解除され、築港線で付随車サ2251～2253として電気機関車に牽かれて活躍するという数奇な運命をたどった。

（4）他社からの車両

名鉄の車両は、一時は合併会社からの寄り合い所帯の感があった。しかし、戦時中の輸送力増強要請に応えるため、前述のように他社からの購入、改造による応急策が採られた。ところがオイルショック後の旅客急増対策に苦慮し、パノラマカーや3400系など固定編成車両にまで連結設備を施すなどした。そのころ車両担当役員が「民鉄旬報」の記事から東急の3700系放出の記事を見つけ役員会で報告された。そこから話が始まり、名鉄がこの話に乗って

モ3781。鋼体化計画の最後に登場した3780形。クロスシート、冷房車となった。瀬戸線昇圧時には大いに貢献した。

1975（昭和50）年から21両を購入して使用した。朝夕のラッシュ輸送での2扉車と3扉車の差は歴然とし、特に各駅での停車時分（客扱い時分）の差は大きく、3扉車の威力を実証することになった。

この実例が6000系3扉車の登場に大きく役立ったことは言うまでもない。名鉄で3880系と名付けられたこの車両は、先の名鉄3800系と同じ運輸省規格形車両の仲間でもあり、共通点も多かった。そのため3両、ときには6両編成で活躍した。期間は短かったものの6000系という後継者を残した。廃車後も台車KS33-Eは瀬戸線で使用中のク2780に転用されたり、他社（大井川鉄道）でも使用された。名鉄では1996（平成8）年には姿を消した。このときの最大の副産物は、車体塗色であり、パノラマカー以外は、それまでの数年は、ライトパープル、クリームに赤帯など試行錯誤を続けていたが、3880系を赤色としてからは、600Vの車両まで赤一色に

元東急の電車3両×7編成を3880系として1975（昭和50）年から導入した。貴重な3扉車としてラッシュ輸送に活躍した。◎一ツ木～富士松　1982年

変わった。

また1972(昭和47)年の水害で不通になった東濃鉄道駄知線が復旧待ちであったが、1974(昭和49)年に正式に廃線が決まり、車両が余剰となった。ときの東濃鉄道の社長が名鉄車両部長ＯＢであり、名鉄に引き取り要請があり、HL車112-212を譲り受け、モ3791-ク2791とし、築港線で使用することになった。この車両はもともと西武鉄道の車両で川崎造船製で特異なスタイルで、名鉄では異色の存在となった。1985(昭和60)年まで築港線で使用された。当時は瀬戸線昇圧と増強のため、本線系での車両が不足気味であり、都合がよかったのだ。

(5) AL車の更新
（7300系、6750系、3300系）

HL車の近代化が済むと戦前製の3500系や、戦後まもなく製造の3800系、3850系、3900系などのOR車も老朽化、陳腐化が目立つようになってきた。特に運賃改正時の目玉改策として、私鉄各社の車両冷房化率が比較されるようになると、5500系を最初の通勤冷房車として売り出した名鉄の冷房化率は、けっして自慢できるものではなくなり、これらの改善策が急務となった。そこでAL車の廃車が始まり、戦中に製造された3500系が1980年代前半に姿を消し、後半に入ると急速に冷房化が進んだ。

1990年に登場した瀬戸線の2次6750系。1次車は6000系と似た正面形態だったが、2次車は独特な正面形状になった。名鉄最後の吊り掛けモーター・自動ブレーキの電車となった。◎2006年

犬山橋を渡る7300系。支線直通特急用に3800系の機器を再利用し、パノラマカー並の車体を新造した。◎1995年

廃車と並行してAL車の車体更新が進められ、その第1号が7300系である。1971(昭和46)年に3800系28両と800形2両の台車、機器を再用して、モ(Mc)-ク(Tc)の2両編成9本、モ(Mc)-サ(T)-モ(M)-ク(Tc)の4両編成3本の30両の7300系が登場した。最初、台車は再利用のD-18だったが、1978(昭和53)年から新製のFS-36に交換され、捻出された台車D-18は残るAL車800形、3600系、3550系などに転用され、さらにそこで発生した台車D-16は3730系と3770系に回された。

その後もAL車の更新計画はあったが、1964(昭和39)年に車両部が策定した計画でも早期廃車が提案されており、これ以上の更新は実施されず、3550系などから廃車が実施された。ただOR車は台車の程度も良いことから次の対象となり、瀬戸線の輸送力増強策に6750系（当初は6650系）が増備された。1986(昭和61)年3月に1次車2両編成2本が登場した。モ(MC)6750-ク(TC)6650の2両固定で車体は6600系を基本とし、機器は3900系のものを使用し台車はMc、TcともFS-16を使用した。

瀬戸線はすでに4両編成が主であったが、尾張旭検車区が竣工前で、喜多山検車区の有効長がなく2両固定となった。しかし、標識灯類はLED化、補助電源はGTOインバーターとするなど、新装備化を図った。1990(平成2)年6月には2次車4両編成5本が登場した。今回は車体スタイルを一新し、丸みを帯びた独特の前面スタイルとなった。尾張瀬戸方からモ(MC)6750-サ(T)6680-モ(M)6780-ク(TC)6650の4両固定編成としたため、検車区内での作業を考慮し、中間の固定連結面には簡易運転台を設備した。

車体は前面形状だけでなく室内はもちろんロングシートだが、床面のカラーリング、シートモケットのカラーなど斬新な組み合わせとなった。しかし、台車はTc車はク2900とサ2450のFS-13、McとM車が3850系のFS-107を転用し、空気ばね化の準備をしたが、その前に瀬戸線最後の釣り掛けモーター車として後継車に交代した。

3300系も冷房化の促進とコストダウン策の中で誕生した。小牧線のラッシュ輸送は当時3～4両編成で対応していたが、旧式のAL車両が運用され、冷房化が急がれた。そこで瀬戸線の例に習い翌年6月、モMc3300-モM3350-クTc2300の3両編成3本が登場した。3両固定編成は珍しかったが、ロングシート、冷房車は歓迎された。台車の転用はMc、MがFS-107、T車がFS-13である。2003(平成15)年3月27日の小牧線の地下鉄直通運転を機に新しい300系と交代し、築港線へ移った。OR車の近代化は時代も異なり、7300系の登場とは条件が違い、これが最後となった。

1987年に登場した3300系。支線の冷房化を図るため3両組成で登場した。
◎小牧線　1988年

54

Column

第4章 戦後まもなくの新造車

新川工場と鳴海工場

　新川工場と鳴海工場は、かつては、名岐鉄道と愛知電気鉄道の車両基地であり、名鉄に一本化されてからは、ともに検車区が併設され、主として新川は日常検査と事故車両の修理、鳴海は定期検査を担当していた。検車区としての機能を構内配線の面から見ると、その違いは新川が軌道から出発した会社の特徴がよく出ていた。新川には建屋の奥にトラバサーがあった。今でも路面電車の車庫には必ずあり、単車を基本とする車庫では入庫車両を奥まで入れトラバサーにのせ、ピット線、修繕線、洗車線など目的別線に振り分ける。編成車両となるといちいち切り離さなくてはならず、不便であり、実用的でない。新川では2005（平成17）年5月、まで窮屈な思いで対処していた。なおレイアウトが全面改良されるまで、同所には短い転車台もあったが、かつて営業距離の短い鉄道で同じ区間を往復する車両の車輪摩耗を矯正するのに方向転換で対応した名残であったのだろう。

　これは余談だが、ある時、国鉄時代に、その車両関係の学卒者が研修で新川工場を見学に来られたが、案内役の常務が「これでもパノラマカーは直せる」と発言されたが、お供した私は恥ずかしかった覚えがある。

　鳴海工場の方は、最初から編成単位で考えたのか、名古屋方からの到着線を奥へ進みポイントを経由してそれぞれの作業線に入り、終了後、洗車線を経て出庫する配線だった。効率的なレイアウトだと思った。当時一番新しい茶所検車区でも、構内の有効長不足から入庫車両は引き上げ線へのスイッチバックを強いられることが多かったのだ。これは太田川検車区などでも同様の考えで配置されていた。現在の犬山、豊明、新しくなった新川、尾張旭など、どの検車区も100％教科書通りのレイアウトではないが各段に使いやすい検車区となっている。

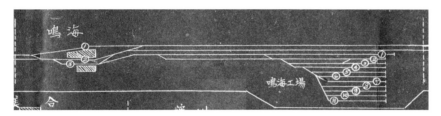 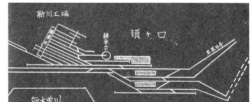

鳴海工場と新川工場の1943（昭和18）年の配線図

鳴海工場の航空写真
◎1960年頃
工場横を名古屋本線が通り、鳴海駅はこの写真の上側。左の道路は国道1号線。

| Column | 『名古屋市史』に登場する名古屋鉄道④ |

明治末期から大正初期の路線拡大

　知多半島西部で鉄道事業を計画してきた愛知電気鉄道は、明治45年2月に熱田伝馬町～知多郡大野町間の23.3kmを開通させた。ついで大正元年8月には伝馬町～秋葉前間（0.4km）、大正2年3月には大野町～常滑町間（5.2km）、同年8月には神宮前～秋葉前間（0.6km）をそれぞれ開通させた。その結果、常滑線全線（29.4km）が全通した。また同じ年の12月には省線と連絡するようになった。愛知電気鉄道は、6年5月までに神宮前から有松裏までの路線を設け、12年8月には東岡崎までの区間を開通させた。こうして名古屋と知多半島西部との連絡は電車を利用してできるようになり、東海道線でしかできなかった西三河地方との連絡も便利になった。

　明治45年4月、尾張電気軌道が千早から興正寺まで4.8kmの間に電車を走らせた。この電鉄会社の前身は愛知馬車鉄道といい、明治40年8月に愛知郡千種町字古井から同郡御器所村大字広路字石坂まで3.5kmの単線馬車鉄道を開通させていた。八事電車と呼ばれ親しまれたこの路線の沿線には行楽地や住宅地が広がっており、市街地中心部と東部郊外を連絡する役割を果たした。尾張電気軌道は、明治45年5月には大久手から今池にいたる0.7kmを開通させ、さらに大正元年9月には興正寺～八事間（0.5km）の延長工事も竣工させた。

　明治43年4月になると、熱田から名古屋港にいたる郊外電鉄を設けるために熱田電気軌道が設立された。堀川右岸側では共進会開催に向けて築地線が建設中で完成を目前にしていたが、左岸側には軌道がなく港の将来性を考えて敷設を計画したものであった。この年の7月に熱田呼続村すなわち熱田神戸線から東築地にいたる2.4kmがまず開業し、さらに海岸に近い南陽館までの延長工事が行われた。大正元年9月には熱田神戸線から熱田伝馬町までの区間が建設され、名古屋電気鉄道の熱田線と連絡した。これにより、名古屋港の東築地まで電車で行くことができるようになった。熱田電気軌道が敷いた路線の総延長は3.3kmであったが、同社は8年4月に名古屋電気鉄道に合併されたため、この路線も名古屋電気鉄道の路線網に組み込まれた。

　大正時代にはいると、名古屋市の西部郊外へ向かう電鉄があいついで建設された。まず名古屋土地が大正2年10月に、東海道線名古屋駅の西にある明治橋を起点として、ここから西方3.1km先の中村公園までを開業させた。同社は名前から想像されるように、土地開発を目的として設立された電鉄会

社であり、この種の電鉄会社としてわが国でも早い方に属する。名古屋土地による明治橋～中村公園間の開通の後を追いかけるように同じ年の12月に、下之一色電気軌道が下之一色町から名古屋市にはいり尾頭橋で名古屋電気鉄道の市内電車に接続する路線を開通させた。同社は、大正元年12月に地元の有志によって設立されたものである。路線は6.5kmと比較的長く、名古屋の南西郊外の発展に寄与した。

　名古屋土地、下之一色電気軌道にやや遅れをとったが、大正6年6月に築地電軌が築地口～稲永新田間2.3kmを開業させた。築地電軌は、5年3月に電気軌道のほか信託事業・海水浴場・遊園地・娯楽機関、それに土地建物の売買・賃貸などの経営を目的として設立されたものである。稲永新田は近世後期に開発された新田であり、明治40年に名古屋市に合併された区域に含まれる。名古屋港の港勢拡大にともない港湾用地の一部として将来性が期待される地域でもあり、軌道敷設の目的もそのあたりにあった。これにより、名古屋の都心部から名古屋港・築地口を経てさらにその先まで電車で行けるようになった。

　以上のように、明治末期から大正初期にかけて、名古屋とその周辺の都市あるいは名古屋近郊との間を連絡する、いわゆる郊外鉄道があいついで建設された。これら郊外鉄道の多くは名古屋電気鉄道の市内ターミナルを起点として建設されており、実質的には名古屋電気鉄道の電車網の郊外延長部分に等しいといってもよい。ただし、実際の連絡はそれほど良くなく統一性を欠いていた。設備の内容に比べて運賃は概して割高であり、利用者の不満は大きかった。

第5章
高性能電車の登場

　1955(昭和30)年に登場した5000系は、従来の車両に比べ画期的な高性能車だった。車内は転換クロスシートでSR車と呼ばれた。SR車は大衆冷房車5500系へ、そして日本初の前面展望車7000系パノラマカーへと引き継がれ、長い間、名鉄の主役として活躍した。

　1976(昭和51)年に高性能車として初の3扉車6000系が製造され、以降、しばらく3扉車が続き、名古屋市営地下鉄への乗り入れでは4扉車も登場した。1993(平成5)年の3500系以降は、名鉄もVVVF車・電気指令ブレーキの時代となった。2005(平成17)年には空港アクセス用に2000系ミュースカイが登場。通勤車はステンレス車に切り替わりつつある。

枇杷島分岐点を走る5000系と5500系。

5-1 SR車の時代

(1) 5000系（初代）

　1955（昭和30）年11月に4両×2編成、翌年7月に4両×3編成の計20両が製造された。1955年に東海道本線の名古屋地区の電化が完成し、湘南形電車（80系）が走り始めたので、それに対抗するために製造された車両である。先頭形状は湘南形と同じ非貫通2枚窓であるが、丸みを帯びて曲面ガラスを採用、車体断面も丸みを帯びた形状である（前面窓ガラスは、事故などで割れたときに補充困難となり、縦桟入りの平面ガラス組み合わせに順次交換された）。

転換クロスシートの並んだ車内。天井にはファンデリア（送風機）が並ぶ。
◎1955（昭和30）年

登場時の5000系。本線特急として活躍した。
◎新名古屋〜中日球場前（現・名鉄名古屋〜山王）1955年

　それ以前の車両に比べ画期的な高性能車で、名鉄初となる全金属車体、カルダン駆動方式、発電制動付き電磁直通ブレーキ（HSC-D）などを採用した。当時の日本の電車の中ではトップクラスの高速性能を誇り、軽量車体の転換クロスシート車で、名鉄ではSR車（スーパーロマンスカー）と呼ばれた最初の電車であった。

　全電動車で先頭車と中間車でユニットを組み、制御装置・補助電源装置・空気圧縮機等を2両に分散配置する方式で、集電装置は中間車の先頭車寄りに搭載した。台車はアルストーム式のFS-307形（1次車）、307A形（2次車）を採用し、主電動機は75KWであった。

　優等車両の標準色だった赤クリームとチョコレート色のツートンで登場、1966（昭和41）年にライトパープル（薄青紫色）、1967（昭和42）年にクリームに赤帯、1968（昭和43）年に赤に白帯、1970（昭和45）年から赤一色に外板色が変わった。ただし、定期検査で塗り替えを行っているので塗装期間にはズレがあり、様々な色が混在した時期がある。

　1971（昭和46）年に重整備という更新工事を2両実施、1973（昭和48）年からは特別整備と名前を変えたが1977（昭和52）年までに全20両を終えた。特別整備の内容は、外板・床・内装の張替、電線・配管の総取替などである。しかし、冷房化改造は行われず、非冷房だったので、1986（昭和61）年に全廃され、主要機器は5300系に再利用された。

(2) 5150形

　1957（昭和32）年7月に中間車の5150形を10両製造、これを5000系4両組成の中間に2両ずつ組み込むことで、6両組成化を実施した。5150形は5000系中間車5050形と同形状だが、車体長が18m→18.4mに長くなり、台車はFS-315形に変更された。M1-M2方式の全電動車2両ユニットで、その後、6両組成のパノラマカーの新造と増備に伴って5000系は再び4両組成化された。5150形は2両組成の5200系の中間に組み込まれ、5200系の4両組成化を行った。

5000系6両組成。中央の2両が5150形。本線特急の主力として活躍した。
◎名電山中〜藤川　1960年頃

登場した頃の5500系。特別料金なしで乗ることができる日本初の冷房車。
◎新名古屋〜中日球場前　1960年頃

(3) 5200系

　1957(昭和32)年9月〜10月に2両×6編成の計12両が製造された。5000系と同性能だが、車体形状をモデルチェンジした。貫通扉付きで前面窓はパノラミックウインド、前照灯3灯になり、車体断面も直線的な形状になった。側窓は一段下降式だったが、雨水による腐食が激しく、後に二段窓に改造された。主要機器は5000

登場時の5200系。2両組成で登場した。◎伊奈　1957

系と同じであるが、車体長は5150形と同じ18.4m、台車もFS-315形。M1-M2方式の全電動車2両ユニットで偶数車に集電装置・制御装置を搭載、奇数車に補助電源装置・空気圧縮機を搭載し、全電動車編成の標準仕様となった。最初から連結運転を前提に製造され、5200系同士や、後継の5500系と連結運転し、4両・6両で使われることが多かった。

5150形を組み込んだ5200系の4両組成。
◎枇杷島分岐点　1979年
撮影：寺澤秀樹

　その後、5000系(6両組成)に組み込まれていた5150形2両×5本を5200系の間に組み込み、5200系5本を4両組成化した。5200系と5150形では車体断面形状がかなり違い、側窓形状も異なるので、編成美という点ではやや劣ったが、5000系・5500系のSR4両組成車と共通運用を組んで活躍した。

　5202号は踏切事故で1968(昭和43)年に前面を大破、翌年に復旧した際、高運転台化された。1978〜80(昭和53〜55)年に5150形とともに特別整備を実施。5200系の側窓は2段窓に改造された。

　冷房化改造は行われず非冷房だったので、1986(昭和61)年に全廃され、主要機器は5300系に再利用された。機器を外された車体は豊橋鉄道へ譲渡され、新品の冷房装置と国鉄101系などの中古機器を組み合わせて1900系(2両×6本)となった。1988(昭和63)年から、渥美線が1500Vに昇圧される1997(平成9)年まで、同線の主力電車として活躍した。

(4) 5500系

　1959(昭和34)年4月と12月に分けて4両×5編成＋2両×5編成、計30両が製造された。特別料金不要な列車としては、日本初の冷房車だった。冷房装置装備のため、その電源用に大型のMG(電動発電機CLG-326)とクーラー起動装置を床下に搭載する必要があり、そのスペース確保のため、制御装置を小型化し、主制御器・主抵抗器・送風機を箱に収めたパッケージ型制御装置(MC-11)を採用した。抵抗器を送風機で強制冷却する方式は名鉄では初採用だったが、当初は雪の日などに故障が多発し対応に苦労した。

　5500系は5200系とよく似たデザインで、貫通扉付き、前面パノラミックウインド、前照灯3灯は同じであるが、屋根上にクーラーを載せるため屋根が低くなったことと、側窓が2段式になった。車

1500V路線のほぼ全線で活躍した5500系。◎小牧線味岡〜田県神社前　2002年
撮影：寺澤秀樹

体長も18mとやや短くなり、台車はFS-326形。M1-M2方式の全電動車2両ユニットである。

　5509号は1964(昭和39)年の新川工場の火災で焼損、高運転台で新造された。1980〜83(昭和55〜58)年に特別整備が行われた。2000(平成12)年9月の東海豪雨で新川が決壊し、新川検車区が浸水被害に遭い、留置されていた5505F(4両)の床下が水没して廃車になった。これが5500系初の廃車で、その翌年から順次廃車が進み、2003(平成15)年には残った2両×3編成に歴代の3種類の塗装を復活、「甦る5500系」イベントで3種類の塗装車を連結した特別列車も運転された。2005(平成17)年の空港線開業直後に全車廃車となった。

3種類の復活塗装を連結した特別列車が運転された。
◎国府宮〜島氏永　2003年10月

5-2 パノラマカーの時代

(1) 7000系（パノラマカー）

1961（昭和36）年5月に6両×3編成が製造され、同年6月1日にデビューした名鉄を代表する電車「パノラマカー」は1975（昭和50）年の9次車まで増備が続けられて合計116両が製造された。

パノラマカー7000系の出発式。この後48年間、名鉄のシンボルとして活躍した。
◎豊橋　1961年6月1日

日本初の前面展望車で、スカーレット（赤）一色の塗装、ミュージックホーン、側面連続窓、空気バネ台車など従来の鉄道車両の常識を一新するスタイルで、絶大な人気を集めた。

前照灯は4灯で、窓下の2灯は尾灯に切り替わる。その両端には油圧緩衝器が取り付けてあり、衝突時の衝撃を吸収し乗客を守る役割を持っている。車体長は先頭車19m、中間車18mである。

制御装置（MC-11）、主電動機、MGなどの主要機器は5500系と同じ。台車は空気バネのFS-335形。空気バネ採用で空気使用量が増えるため空気圧縮機は容量のやや大きいD-3-FR形である。

14年間、9次にわたり製造されたので、製造年度により仕様が少し異なっており、後に改造や特別整備も行われたため、様々なバリエーションがある。

先頭車が事故で不足したときなどは、2両ユニットを切り離し、代わりに5500系2連を連結し固定組成化して走った。

登場時は先頭部に行先と種別表示はなく、運用は本線特急専用だったが、翌年の2次車登場後に逆富士型の表示器が取り付けられた。1967（昭和42）年の3次車から屋根上クーラーがRPU-1504に、台車がFS-335B（ダイヤフラム形）に変更、先頭部にフロントアイを設置し、これ以後全先頭車に追設された。1971（昭和46）年の7次車からクーラーがRPU-2208に変更。容量増によりクーラー数が減った。1974（昭和49）年の8次車から台車がSミンデンのFS-384形に変更。1975（昭和50）年の9次車は中間車のみ12両製造され扉が両開きに変更された。番号も7100番台が付けられ、4両組成6本を6両組成化した。

編成両数は、登場時から暫くは6両組成ばかりだったが、支線への直通特急にも運用するため1967（昭和42）年に4両組成が登場、1968（昭和43）年には本線特急8連化のため8両組成に組み直したり、また戻したりと、組成変更がめまぐるしかった。1973（昭和48）年からは、4両組成車は先頭車の連結化改造を行い、ラッシュ時は4＋4の8連運用も始まった。

パノラマカーの展望席。運賃だけで前面展望が満喫でき、子どもたちに超人気の席だった。
◎1961年

名鉄特急は特別料金不要であったが、乗客のニーズと増収策のため、座席確保の有料特急の運転を1961（昭和36）年の海水浴特急（5500系）から運転開始し、定期列車へと徐々に運転を拡大していた。有料特急には主として7000系が使用されたが、料金不要の列車も同じ7000系なので、有料特急の乗客から不満が出ていた。1982（昭和57）年に7000系（4両組成）の内装を改良し白帯を巻いたパノラマカーが登場、4両×12編成が白帯車へ改造されて有料特急の差別化を図った。

7000系の特別整備は1983〜88（昭和58〜63）年の間、古い順に

パノラマカーの出発式が行われる直前には、試運転や試乗会が繰り返された。◎名電長沢付近　1961年5月

42両が実施された。1984（昭和59）年に、8800系パノラマDXへ機器を流用するため、中間車4両が廃車になった。これが7000系最初の廃車、1987（昭和62）年にも同様な理由により4両が廃車された。1988（昭和63）年に後継の1000系パノラマsuperが登場、7000系白帯車は順次白帯を外し一般運用に戻され数を減らし、1994（平成6）年に支線（有料）特急として残されていた白帯車は特急運用から外れた。

7700系白帯車と一般車の連結運転 ◎各務原線鵜沼宿～羽場 2009年

有料特急の差別化を図るため、7000系の内装を改良し白帯を巻いたパノラマカーが登場。◎新名古屋～ナゴヤ球場前 1982年

7000系の本格的な廃車は1998（平成10）年から始まった。2006（平成18）年9月に発表された特急政策の見直しでは、7000系パノラマカーを2009（平成21）年度までに廃車することが明記された（この時点で4両×9編成、6両×8編成の84両が残存）。

2007（平成19）年9月には6両組成の営業運転が終了。2008（平成20）年10月には7011Fに白帯を復活。同年11月に7001号の先頭部を登場時の姿に復元し「フェニックス復活運転」を実施（その後7001-7002が舞木検査場に保存）。同年12月26日に残っていた7011F・7041F・7043Fの3編成で最後の定期運行が行われた。定期運行終了後は、7011F（4両）のみがイベント用として残されたが、2009（平成21）年8月30日の「ありがとうパノラマカー」団体列車を最後に営業運転は全て終了した。

(2) 7700系

登場して間もない頃の7700系河和行き特急。◎1975年頃

1973（昭和48）年4月に4両×4編成＋2両×4編成、計24両が製造された。7000系と同じ性能で、展望席をなくして通常の運転台構造にした電車である。貫通扉付きで前面窓はパノラミックウインド、前照灯3灯となった。運転台以外は、この2年前に製造された7000系7次車と同じ仕様であるが、台車はSミンデン式のFS-384形に変更された。板バネ2枚で軸箱を支えるSミンデン式とその改良型SUミンデン式台車は、その後の名鉄の標準台車となった。

7700系は、7000系が入線できなかった小牧線や竹鼻線などのサービス改善を目的に製造された。小回りが利き運用上は便利だと思われたが、増備されることなく、この翌年には7000系8次車6両×2本を製造している。1982（昭和57）年、有料特急の差別化を図るために白帯7000系が登場したが、7700系も2両×4編成が指定席用に改造され、内装を改良、白帯を巻いた。

1990（平成2）年、本線に指定席車と一般席車の併結特急の運転を開始した。それに伴い7700系4両×4編成から中間車を抜き取り、2両×4編成を指定席車用に内装改良、白帯車化した。結局7700系2両×8編成が白帯車化され、抜き取られた中間車2両×4本は7000系の中間車に組み込まれた。

1991（平成3）年から1200系一般席車と1000系の指定席車を併結する特急が登場し、毎年増備されたので、7700系の指定席車の活躍範囲が縮小、徐々に白帯を外して一般のローカル運用へ回された。2001（平成13）年の三河線ワンマン化に伴って2両×8編成の全てがワンマン改造され、三河線へ投入されたものの2010（平成22年）に全廃された。

(3) 7100系

7100系のさよなら運転。7100系の最後は三河線のワンマンカーだった。◎三河線土橋～上挙母 2009年11月

7000系の9次車として1975（昭和50）年に中間車のみ12両製造された。そのうちの7101～7104の4両は、1984（昭和59）年に7101と7104号に6000系と同形の運転台を新設し、7100系として独立し

61

た。1987(昭和62)年に7102と7103は再び7000系の中間車に戻され、7101-7104の2両組成のみが7100系として残った。

2001(平成13)年の三河線ワンマン化に伴って7700系とともにワンマン改造され、三河線へ投入されたが、2009(平成21年)に廃車となった。

(4) 7500系(パノラマカー)

7500系パノラマカーの8両組成。1967年の登場からわずか3年で姿を消した8両組成。◎名電山中～藤川　1968年頃

7000系パノラマカーを高性能化して、1963(昭和38)年に6両×4編成が登場。1970(昭和45)年の6次車まで増備され、6両×12編成の計72両製造された。7000系とほぼ同じ形状であるが、車体を低床化(7000系の床面高さ1150mm→990mm)したので、運転台が少し高くなったような印象を受ける。

トランジスタを使って定速制御を行い、回生ブレーキ付きの他励界磁制御で当時としては先進的な制御方式だったが、故障多発に悩まされた。主電動機は複巻式のTDK848で、公称出力は7000系のTDK825と同じ75kwだったが、実力はかなり上回っていた。ブレーキも高速からの制動力を確保できるシステムだった。後に制御装置の改造(IC化)や空気圧縮機の交換などが行われ性能が安定した。

オールMの6両組成で登場し、翌年、付随車サ7570形を組み込み7両化、1967(昭和42)年にモ7570形の増備とサ7570形のM化をし

引退間近の7500系パノラマカー。7000系より一足先に全廃された。
◎岡崎公園前　2004年

て6両組成の中間に組み込み、名鉄初の8両組成が4本誕生した。8両組成は6本まで増備されたが、運用効率から1970(昭和45)年に6両組成に戻され、結局3年間のみの固定8両組成だった。

7500系は他の車両に比べて加減速性能が優れ、それ故、他形式と連結運転ができなかった。先頭車の事故対策として中間運転台付きの車両も2両製造され、時々先頭に立つこともあった。1988(昭和63)年から特別整備が始まり、先頭の逆富士型表示器(ブック式)の電動幕化、側面表示器の取り付け改造などが行われた。先頭車の特別整備期間中は、切妻型の中間運転台が顔を出した。

7編成の特別整備が完了した1993(平成5)年に方針変更があり、パノラマカーの特別整備は中止された。指定席車と一般席車を連結した特急車両を製造することになり、1030-1230系24両と1850系6両の製造用に7500系の高性能機器を供出。1992(平成4)年から翌年にかけて30両(5組成)が廃車となった。

低床車のため、新設した中部国際空港駅のホーム(高さ1070mm)より床面が低くなり入線できず、バリアフリー化のため主要駅でホームの嵩上げ計画があったので、7000系よりも先の2005(平成17)年に全廃された。

(5) 8800系(パノラマDX)

3両組成化された8800系パノラマDX。登場時はデラックス座席指定料金が必要で、通常の指定料(250円)の倍額だった。◎知多新線　1990年頃

1984(昭和59)年に2両×2編成、1987(昭和62)年に2両×2編成を増備、1989(平成元)年に中間車のサ8850形を4両製造し、最終的に3両(Mc1-T-Mc2)×4編成の計12両となった。先頭にハイデッカーの展望室を設け、セミコンパートメントの室内など、有料の観光特急用に製造され、「パノラマDX(デラックス)」の愛称が付けられた。乗降扉は折り戸式で、車体は薄いクリーム色に赤帯、裾周りグレーの3色塗装となり、当時赤一色の電車の中でよく目立つ存在だった。名鉄の歴史の中で、最初から有料特急用に製造された初の電車となった。ただし、主要機器は廃車になった7000系から流用した。

1989(平成元)年に増備された中間車は、セミコンパートメントの座席とラウンジ風のサロン席で、トイレ付きとなった。中間車は付随車なので、両端のM車のモーター出力増強(75→90kw)を行った。しかし、期待した行楽客が伸び悩み、1992(平成4)年、団体用に残された1本(8807F)を除き、中間車は一般座席に変更され、支線(津島-西尾線)特急用で使用、2005(平成17)年に全廃された。

5-3 3扉車時代の幕開け

第5章 高性能電車の登場

(1) 6000系

1976（昭和51）年に4両×6編成が製造された3扉車。1985（昭和60）年の10次車まで、4両（Tc－M－T-Mc）×26編成、2両（Tc－Mc）×26編成の計156両が製造された。6000系は名鉄の高性能車としては初の3扉車。1C（ワンコン）－4Mの抵抗制御車で、発電制動付き電磁直通ブレーキ（HSC-D）。6000系登場までの高性能車はオールM車であったが、6000系ではモータの出力をアップ（75→150kW）してMT比率を1：1とし、製造費と保守費の軽減を図った。

6000系の登場時。名鉄では35年ぶりに新造された3扉車。通勤通学輸送に威力を発揮。試運転列車が堀田を通過。◎1976年

6000系1～4次車（01～17）は前面貫通式の3扉車であるが、名鉄伝統の固定連続窓、クロスシート（車端部を除く）を採用した。通勤用に立席面積を確保するため、小型固定クロスシートでシート幅を狭くし座席肘掛けをなくす等のアイデアを盛り込んだ車両であったが、結局、その後はロングシートに改造された。

3次車まで（01～14）は扉の窓が小型である。なお、4次車までは車体特別整備を実施し、外板腐食部の大修理、車内化粧板の張替を行うとともに、側面行先表示器、車イススペース等の設置を行った。

5～8次6000系（18～44）は、先頭形状は1～4次車と同じであるが、側窓を開閉式にし（1段窓上昇式）、クーラーを3台から2台に減らして、代わりにロスナイを屋根上に取り付けた。1～4次車同様小型クロスシートであったが、ロングシート化改造を実施。9～10次6000系（45～52）は、同時期に製造された6500系（1・2次車）と同じ車体構造となり、前面非貫通となった。車内の座席設置も6500系と同じで、セミクロスシート車。4両組成は6500系に移行したため、2両組成のみが製造された。

1976年～90年代にかけては名鉄の主力通勤車両として6500系と共通運用で活躍したが、後継の3500系が1993（平成5）年に登場したあとは、1995～2000年に瀬戸線へ4両×9編成が順次転属（2014年に全車廃車）。1998年に2両×5編成が西尾・蒲郡線のワンマン運転用に改造された（現在1編成は新可児～御嵩間で使用）。

2001（平成13）年には三河線（知立～猿投）、2006（平成18）年に

6000系の車内。小型の2人掛け（実質1.5人掛け）の固定クロスシートで登場したが、後にロングシート化された。◎1976年

は三河線（知立～碧南）のワンマン運転が開始され、6000系を主に7700系・7100系がワンマン改造された。7700系・7100系の廃車により、現在6000系4両×8編成、2両×12編成の計56両が三河線ワンマン車として使用されている。

名鉄で最古参の電車となり、瀬戸線転属車両36両は2014（平成26）年に全廃、本線系の6000系も2016（平成28）年から廃車が始まっ

現役最古参となった6000系。もうしばらく頑張る予定。
◎富士松～豊明　2016年

た。2016(平成28)年末現在の残存車は三河ワンマン車56両(4×8、2×12)、蒲郡・御嵩ワンマン車10両(2×5)を除くと、4両×7編成、2両×9編成の46両である。

(2) 6600系(瀬戸線)

瀬戸線の1500V昇圧に備えて1978(昭和53)年に2両(Tc-Mc)×6編成の12両が製造された。基本仕様は本線系の6000系2次車と同じであるが、先頭下部にスカートを取付けたため印象が異なる。瀬戸線専用で、走行距離が短いという理由でクーラーなしの開閉2段窓付きで登場した。

1985(昭和60)年以降に、廃車となった7000系からクーラーを譲り受け冷房化された。登場時は6000系と同様な小型クロスシートだったが、1988(昭和63)年にロングシート化された。瀬戸線で一生を過ごし、2013(平成15)年に全車が廃車となった。

(3) 6500系

1984(昭和59)年に4両(Tc1-M2-M1-Tc2)×4編成が登場、1992(平成4)年の8次車まで4両×24編成の96両が製造された。界磁チョッパ制御で主電動機は150kW直流複巻電動機を使用、回生付き電磁直通ブレーキ(HSC-R)。1C-8Mの制御器のため4両組

回生ブレーキ付きの6500系。勾配区間で威力を発揮する。
◎名電長沢〜本宿　2007年

成のみが製造された。

1〜5次6500系(01〜17)は前面非貫通で、平面を組み合わせた折面(鉄仮面)の先頭形状である。前面窓下にステンレスの飾り帯、窓上をグレーに塗装してある。側窓は6000系5次車以降と同様の

2両組成の6600系　◎大曽根〜矢田　1980年

名古屋城をバックに走る6600系。右組成が冷房化改造後、左は冷房化改造前。
◎東大手〜清水　1986年頃

鉄仮面という愛称がピッタリする6500系。この扉配置がその後の3扉車の標準となった。5次車までこの前面形状だったが、6次車以降は丸みを帯びた形状に変更された。
◎前後〜中京競馬場前　2008年

1段上昇開閉式。客室扉位置が先頭車と中間車で同じになるように配置を変更した。この扉配置はその後の3扉車の標準になっている。

扉配置の変更にともない、窓配置も6000系8次車以前とは異なる。車内の座席配置を見直し、小型固定クロスシートのサイズアップと肘掛け取り付けを行ったセミクロスシート車。その後一部の車両はロングシート化改造を行っている。

登場時は前面窓上部と乗降扉上部が明るいグレーで塗装されていたが、現在では前面窓上部はグレーに変更、扉は塗り分けをなくし全面赤となっている。なお、1〜4次車（01〜15）は乗務員扉と客室扉の間に窓はないが、5次車以降（16〜）は小窓を取り付けた。クーラーも1〜4次車は2台であるが、5次車以降は3台に増やした。また、4次車以降（14〜）は側面行先表示器を取り付け、その後の車両の標準装備となっている。

6〜8次6500系（18〜24）は、大型曲面ガラスを用いた丸みのある先頭形状である。前面非貫通で左右非対称、前照灯を窓下に配置した。側面の窓構造を連続窓風に変更、一部下降窓、その他は固定窓とした。この車体デザインは、後継の3500系に引き継がれた。7次車まではセミクロスシート、8次車（23・24）は座席の少ないロングシートで登場している。

(4) 6800系

1987（昭和62）年に2両（Tc-Mc）×4編成が登場、1992（平成4）年の6次車まで2両×39編成の計78両が製造された。界磁添加励磁制御で主電動機は6000系と同じ直流直巻電動機を使用、回生付き電磁直通ブレーキ（HSC-R）。1C-4Mの制御器でTc-Mcの2両編成のみとなった。1〜2次6800系（01〜08）は、6500系5次車と同じ車体構造で、非貫通、平面組み合わせ折面（鉄仮面）の先頭形状である。セミクロスシート車で1編成はロングシート化改造実施している。

3〜6次6800系（09〜39）は、大型曲面ガラスを用いた丸みのある車体形状で、6500系6次車以降と同じ車体形状である。4次車まで（〜31）はセミクロスシート、5・6次車（32〜39）はロングシートで登場した。6828F〜6839Fの12編成は、2011（平成23）年に尾西・豊川線のワンマン運転用に改造された。

丸みを帯びた前面形状の6800系。2次車までは鉄仮面だったが、3次車以降はこの形状。◎尾西線森上〜山崎　2016年

5-4 新SR車 登場

(1) 5700系・5300系

勢揃いした新SR車5700・5300系。JR対策で一気に大量新造された。
◎犬山検査場　1987年

1986(昭和61)年から翌年に掛けて5700系4両(Tc1-M2-M1-Tc2)×5編成の20両が製造された。同時期に、同じ車体構造の5300系が4両(Mc1-M2-M1-Mc2)×8編成と2両(Mc1-Mc2)×5編成の計42両製造された。1989(平成元)年には5700系用の中間車サ5600形－モ5650形を各2両製造、5700系4両組成2本に組み込み、5700系は6両×2編成、4両×3編成の24両となった。

国鉄の民営化対策で、非冷房の初期SR車5000・5200車の置き換え用に製造されたのが5700・5300系である。前面非貫通の2枚窓、左右非対称で車掌側の窓を大きくし、先頭客室からの展望を良くした。SR車の流れをくむ2扉クロスシート車であるが、ラッシュ時を考慮し、扉は両開きで広幅(1400㎜)、扉横の立席スペース広くして補助椅子を取り付け、車端部はロングシートとした。製造費抑制のため、5300系には5000系・5200系の主要機器を再利用している。

5700系の主要機器は6500系と同じで、界磁チョッパ制御、主電動機は直流複巻電動機を使用、回生付き電磁直通ブレーキ(HSC-R)。歯車比を6500系の5.6(84/15)から4.82(82/17)として加速力より高速走行を優先した。あとから増備された5650形は6800系と同じ界磁添加励磁制御で、主電動機は直流直巻電動機を使用し歯車比は同様に変更している。

5300系は5700系と同じ車体構造であるが、5000系・5200系の台車や主電動機などの機器を再利用しているので全電動車編成となった。制御装置は新造し界磁添加励磁制御で、回生付き電磁直通ブレーキ(HSC-R)。外観上は台車と床下機器、集電装置の配置が異なっている。1993(平成5)年以降に空気バネ台車を新造し、台車を順次交換した。2009(平成21)年から廃車が始まり、2016(平成28)年末現在4両×4編成、2両×1編成の計18両が残存しているが、現存する一般車の2扉クロスシート車は5700系と5300系だけになった。

(2) 5700系－5600形

5700系のうち、6両組成化された5701F・5702Fはパノラマカー

先頭車改造を終えた5600形。運転台は廃車の5300系から移設・切り継ぎ。
◎舞木検査場　2010年

の6両組成と共通運用されていたが、2008(平成20)年に7000系両組成が全廃された後は使い道がなくなり、2009(平成21)年に4両組成に戻された。

抜き取った中間車4両(サ5600形－モ5650形各2両)を活用するため、廃車となった5300系から運転台部分を切り取り、中間車2両へ運転台取り付け改造を行い、2010(平成22)年に5601－5651－5602－5652の4両組成を誕生させた。5700系5600形と呼ばれている。元々増備車で、他の5700系とは制御装置・主電動機が異なり、改造により先頭車の側窓・扉配置も異なることになったが、共通で運用されている。

犬山線を走る5700系。SR車の流れをくむ2扉クロスシート車。
◎上小田井～西春　2015年

5-5 パノラマsuperの時代

(1) 1000系（パノラマsuper）

登場時の1000系パノラマsuper。パノラマカーの後継車として製造された。
◎名電長沢付近　1988年

1000系の特別車2両と1200系一般車4両を併結した一部特別車特急が1991年から走り始めた。
◎名電長沢〜本宿　2015年
撮影：寺澤秀樹

　1988（昭和63）年に4両（Tc1-M2-M1-Tc2）×9編成が登場した座席指定特急専用車で、1997（平成9）年の5次車まで、4両×21編成の84両が製造された。先頭はハイデッカーの展望室で、「パノラマsuper」の愛称が付けられた。座席はリクライニングシートとなり、編成の中央1ヶ所にトイレ洗面所が付いた。乗降扉は折り戸式で、車体色は白色をベースに赤帯、裾回りベージュの3色塗装になった。

　制御関係は5700系と同じで、界磁チョッパ制御、主電動機は直流複巻電動機を使用、回生付き電磁直通ブレーキ（HSC-R）。1994（平成6）年の4次車（17〜）以降は、台車がボルスタレス式に変更された。ブレーキ性能アップの改造や軌道改良などに取り組み、本線で110→120km/hの速度向上が認可され、1990（平成2）年から1000系の本線120km/h運転を開始した。

　同じ1990（平成2）年に名鉄の特急政策が変更され、本線特急は指定席車と一般席車の併結を開始した。当初は指定席車と一般席車間が非貫通で、誤乗した客が移動できないという問題があったことと、併結した場合に120km/h運転ができなかったので、1991〜92（平成3〜4）年に1200系を新造、1000系4連を分割し、岐阜方の2両を方向転換、豊橋方に1000系指定席車2両+岐阜方に1200系一般車4両の6両固定組成とした。完成して間もない2次・3次の1000系6本（1011〜16F）を分割し併結化した。

　当時、併結特急は本線のみで、犬山線や河和線などの特急は全車指定席だったので、併結特急登場後も1994・97（平成6・9）年に1000系4次・5次車（1017〜21F）の5編成増備を行った。

本線の全車指定席特急として活躍するパノラマsuper。
背景の山の中腹に1997年に舞木検査場が完成した。
◎名電山中〜藤川　1989年

2006（平成18）年9月に特急政策の見直しが行われ、ミュースカイを除く全特急を2008（平成20）年度中に特別車+一般車の一部特別車に統一することが発表され、全車特別車の1000系4両×15編成は2007～09（平成19～21）年に全車廃車となった。廃車の1000系機器を最大限再利用して製造したのが（2代目）5000系である。

A編成は1000（Tc1）－1050（M2）－1250（M1'-WC付）－1200（T）－1450（M2'）－1400（Mc1）

B編成は1100（Tc2）－1150（M1-WC付）－1350（M2"）－1200（T）－1450（M2'）－1400（Mc1）

下線付き2両は1000系特別車で豊橋方に連結。1200系は右（岐阜方）の4両。6両固定組成で運用されてラッシュ時は岐阜方に1800・1850系の2両組成を増結し、8両で運転される。

外観は1000系とデザイン上の統一感を持たせつつ、3扉クロスシートで製造された。ラッシュ時を考慮し扉脇を広めにし、そこに補助椅子を設置した。特別車と連結するモ1250・モ1350形は他の中間車と同じ客室配置として車端部にトイレまたは車掌室を追加設置しているので、車体長が他車より1.1m長く、19.2mとなっている。主要機器は1000系とほぼ同一だが、初めてボルスタレス台車を採用している。

併結する1000系に合わせてトップナンバーが11番で、編成ごとに末尾番号を揃えてある。岐阜方3両はA・B編成とも同じ仕様で製造されたが、B編成の車号は+100（車号は、1111－1161－

1000-1200系一部特別車は2015（平成27）年からリニューアル工事が開始され、外板塗装も変更された。◎神宮前～金山　2016年

（2）1200系

特別車と一般車（1999年までは座席指定車・一般席車と呼称）の一部特別車特急用で、1000系特別車2両と併結するための一般車として、1991～92（平成3～4）年に4両×12編成製造された。登場後すぐに1000系と併結され、6両組成となり、本線特急専用車として120km/h運転で活躍。2005（平成17）年以降は、他線区でも併結特急が走るようになり、順次走行線区が広がっていった。

併結した1000系は元々4両組成だったのを分割し、半分は併結用に方向転換した車両のため、トイレ位置や機器配置が異なり、A編成、B編成と区分している（方向転換した方がB編成）。

登場時の1200系。製造後すぐに1000系特別車2両と連結し、6両組成の一部特別車特急として走り始めた。◎本宿付近　1991年

リニューアル工事が済んだ1200系。塗装が変更されて赤色部分が多くなり、イメージを一新した。◎東岡崎～岡崎公園前　2016年

1200系の一部特別車特急は、2200系とともにフル稼働しており、リニューアルして当分の間は活躍が見られそうだ。◎神宮前～金山　2016年

1361－1311－1561－1511から連番で6まで）となっている。

　特別車が製造後25年以上経過したので、2015（平成27）年から特別車を中心に編成全体のリニューアル工事が開始され、年間3編成のペースで全12編成を更新する予定となっている。塗装も変更されたのでイメージが一新された。1200系は一部特別車特急用に製造された一般車であるが、現在は1000系特別車を含めた編成全体を1200系と称している。

（3）1030系－1230系

　本線で使用する一部特別車特急用に、1992（平成4年）から翌年にかけて、6両（Mc1-M2-M1'-M2'-M1-Mc2）×4編成が製造された（下線付きが特別車）。車体は1000－1200系のB編成と同じであるが、主要機器は7500系の廃車部品を再利用した他励界磁制御の全M車。ただし、特別車の制御装置（界磁チョッパ）と補助電源装置（DC-DCコンバータ）、全車の台車は新造した。性能的には1000－1200系と同じで、共通運用されている。

　近年まで事故廃車以外の3編成がフル稼働していたが、全電動車編成で再利用機器を使用しているため、2015（平成27）年から代替の2200系を増備し、廃車が始まっている（2016（平成28）年末現在1編成のみ残存）。

（4）1380系

　元は1030－1230系のうちの1本であったが、2002（平成14）年の踏切事故で1134－1184号の特別車2両が大破し廃車になった。残された一般車4両のうち1384号豊橋方に運転台を取り付ける改造工事を行い、翌年全車一般車1380系4両組成として再出発した（1384－1334－1584－1534）。

　塗色も特急用3色塗り分けから赤一色に変更された。4両単独運用が多かったが、2015（平成27）年に廃車となった。

（5）1800系

　1000－1200系一部特別車特急の増結用一般車として1991（平成3）年に2両（Tc-Mc）×5編成、1995（平成7）年に同4編成の計18両が製造された。外観は1200系とほぼ同じデザイン。MT 2両編成のため、6800系と同じ界磁添加励磁制御で直流直巻電動機であるが、歯車比は5.6→4.82として、1200系と走行性能を合わせている。回生付き電磁直通ブレーキ（HSC-R）。ラッシュ時は特急の増結用に使用し、閑散時は単独でローカル運用に使用されている。

登場した頃の1800系。1200系とほぼ同じ外観であるが、先頭窓下に「パノラマsuper」の表示板がない。◎本宿　1991年頃

（6）1850系

　1800系と同目的で、1992（平成4）年に2両（Mc1－Mc2）×3編成の6両が製造された。車体は1800系と同じであるが、主要機器は7500系の廃車部品を再利用した他励界磁制御のMM編成で、台車は新造。全電動車編成で、再利用機器を使用しているため、2016（平成28）年から廃車が始まっている。

特急用の一般車が、赤く塗られて1380系になった。犬山を中心としたローカル運用が主な働き場所だった。
◎鵜沼宿～羽場　2011年

Column

事故処理の思い出

運転の仕事に長い間携わると、どうしても事故は避けて通れない。わたくしの在職中は踏切事故が多かった。とにかく1965（昭和40）年には踏切そのものが2748か所、そのうち遮断機、警報機のない第4種踏切が2270か所（現在、第3種・4種踏切はない）あり、本社、各地域担当部署には踏切規制、廃止を担当する専門部署が置かれていた。そして事故も年間200件近く発生し、その1割近くが第1種踏切での事故であり、第1種踏切だけが1070箇所という現在とは隔世の感がある。とにかく当時は、出勤後、午前中は事故報告書を作成するのが新人の仕事だった。踏切事故ではないが現在も、印象に残る事故について振り返ることにする。

新岐阜駅での脱線（二重事故）

1988（昭和63）年5月18日、午後、各務原線新岐阜構内で、その夏、岐阜市で行われる「ぎふ中部未来博」の関連準備工事を行っていたクレーン車が転倒、各務原線の線路上に倒れこむ事故が発生。早速復旧工事にかかり、午後8時前にようやく復旧した。その状況をマスコミ関係者に説明中、駅長が飛び込んできて「今、本線で列車が脱線した」と知らせてきた。早速現場に駆け付けると、新岐阜終着の急行列車がJR東海道本線の跨線橋上で脱線し傾いている。調べてみると場内信号を見誤り、構内の単線区間へ侵入し、気が付いて無断退行し、車両がなき別れとなっていた。早速、復旧手配を講じたが、復旧は日を跨ぐと判断した。直下は普通列車だけでなく、ブルートレインや貨物列車が夜通し行き交う東海道本線上での作業となり、まずはJRの関係部署の了解を取る必要がある。幸い連絡がつき、了解が得られ、立ち合い者まで付けていただき作業を進めることができたが、道具や部品を落下させてはならず、慎重の上にも慎重に作業を進め、翌日の初列車に間に合わせることができた。途中で管轄警察署が東海道本線を境に岐阜中署と南署とに別れていることが判明し、現場検証が一時中断し作業が遅れてヒッヤとした。運転上のミスの怖さを改めて認識した。

富士松～豊明間の脱線（ジーゼルカーで救援）

踏切事故ではなかったが、1986（昭和62）年6月23日、朝8時前、名古屋本線、富士松～豊明間の境川橋梁手前の跨線橋下道路をクレーンを挙げたままのトラックが通過しようとして、橋桁にぶつかり、線路を押し曲げた。そこへ豊橋発新岐阜行きの指定席特急（7700系8両）が差しかかり、先頭車が橋梁上に乗り出し脱線した。出勤途上で知った私は部下と共に現場へ駆け付けた。すると8両編成中最後部の1台車の2軸を除いて30軸全部が脱線していた。直線区間を100km／時で走行中の列車は手前で発見、減速しており、しかも外側軌条側に交換用新品レールが並べてあったことが幸いし、築堤からの転落は免れた。早速レッカー車を手配し、架線を外し、復旧作業が始まった。作業は長引くことが予想され、「運転担当は復旧するまでは弁当の手配と雑用に徹すべし」との先輩からの申し送りに従い、弁当と飲み物の手配に奔走した。午後になり、1両ずつ切り離し、復線作業が始まったが、現場は橋梁のサミット部分であり、復線した車両を収容しなければならない。復線した場所から豊明駅構内までは、下り勾配であり、そのまま転がすわけにはいかない。車両部との協議では、堤防上にウインチを置いて引っ張りつつ降ろそうということになったが、力不足であり、最終的に新川工場には気動車（高山線直通用）の予備車が待機中であることに思いが至り、それで連結して収容することになった。早速乗務員と車両を手配し現地へ呼んだ。豊明駅から伝令法を8回実施し、無事旧貨物線に収容できた。結果的にはその日のうちに復旧できたが、32軸中30軸が線路から外れるとは予想外であり、現在なら防護無線か発報信号で済むのだろうが、その時は再度、レール短絡器による後方防護の重要性を認識させられた。

5-6 VVVFインバータ制御・電気指令式ブレーキ車が登場

(1) 3500系

1993(平成5)年に4両×4編成が登場、1996年の5次車まで4両(Tc1－M2－M1－Tc2)×34編成の136両が製造されたVVVFの1C－8M制御の3扉通勤車両である。

従来の通勤車の主力車両であった6000系・6500系に代わる次世代通勤車として、車載機器を一新した。VVVFインバータ制御、170kW三相誘導電動機、電気指令式ブレーキ、ワンハンドルマスコン、ボルスタレス台車、滑走防止装置、増圧ブレーキ、最高運転速度120km/h等、その後の名鉄電車の標準となるシステムを採用している。そのため、それ以前に製造された車両とは連結運転ができない。

車体は大型曲面ガラスを用いた丸みのある先頭形状、片側3扉、扉間の3連窓(一部下降式)等、前年までの通勤車(6500系6次車以降)と同様の形状となっているが、先頭下部にスカートを取り付けたため、デザイン上のアクセントになった。また、電気指令式ブレーキ(Electric Comm and Brake)を示すロゴを前面右前照灯上部に取り付けた。

扉横立席スペースを広くとったロングシートのため座席数が少なく、一部車両は補助椅子付き。車内端部に通勤車として初めてLED案内表示を取り付けている。

現在の電車の標準仕様となったシステムは、この3500系から始まった。名鉄の通勤電車の顔と呼べる存在。◎東岡崎〜岡崎公園前　2015年

(2) 3700系(三代目)

1997・98(平成9・10)年に、4両(Tc1－M2－M1－Tc2)×5編成が製造された。3500系と同仕様のVVVF制御車であるが、車体形状を少し変更した。

車体は、従来の湾曲した断面形状からストレートな断面とするとともに屋根の高さを上げ、天井、出入り口扉の高さを上げた。座席を扉横まで広げ、座席定員を増加させた。集電装置にシングルアーム式を初採用した。2次車(3703〜05F)は前面形状を少し変更し、前面窓位置を80mm高くしている。

車体の断面形状が直線的になった3700系。機器は3500系と同じだが、車体形状を変更し、シングルアームパンタを初採用した。◎宇頭〜新安城　2016年

(3) 3100系

1997(平成9)年に、2両×8編成が登場し、2000(平成12)年の3次車まで、2両(Tc－Mc)×23編成の46両が製造された。3500系は4両組成のみで、4両または8両で運転されていたが、6両の列車も運転できるよう、2両組成の3100系が製造された。

性能は3500系と同じであるが、2両組成のためVVVFの1C－2M×2群制御とし、補助電源(SIV)故障時には1群をVVVFからCVCFに切り換えるデュアルモードとした。

車体は、同時期に製造された3700系と同じでストレートな断面とするとともに屋根の高さを上げ、天井、出入り口扉の高さを上

VVVF制御車で初の2両組成3100系。車体は3700系と同じ直接的な断面形状。◎木曽川堤〜笠松　2008年

げた。座席を扉横まで広げ、座席定員を増加させている。集電装置にシングルアーム式を初採用した。2次車(3110F～)から前面形状を少し変更し、前面窓位置を80mm高くした。3次車(3120～23F)には、運転台モニタが設置されている(1600系で採用・通勤車で初)。

(4) 1600系

1999(平成11)年、座席指定特急用に3両(Tc-T-Mc)×4編成の12両が製造された。前面貫通式とし、自動幌連結装置を設けた。特急車で初のVVVF制御で、電気指令式ブレーキ車。制御装置はVVVFの1C-1M個別制御で、SIV故障時には切り換えられるデュアルモード式。主電動機は三相誘導電動機200kW×4台を搭載している。将来は空港特急に転用することも念頭において製作された。

名鉄の特急用車両では初のVVVF制御車1600系。1M2Tの全車特別車3両組成で登場したが、この組成で活躍したのは9年間だった。◎前後～中京競馬場前 2008年

1996(平成8)年から車体傾斜の準備試験のため、1600系1編成には空気バネ車体傾斜制御装置を取り付け、実用化に向けた走行試験を繰り返した。その結果を基に改良型の車体傾斜制御装置を開発し、2004(平成16)年に登場した空港専用特急2000系に搭載した。

車体傾斜を考慮し、車体幅は1000系より40mm狭い2700mmとされた。大きな荷物を持って乗降しやすいよう乗降扉は幅1000mmの両引き式とし、扉高さは1900mmに拡大した。デッキ部も広くして、トイレは車イス対応とした。座席ピッチを1mとし、足元スペースを広くする脚台構造となっている。これらの設計思想は2000系にも生かされている。

1600系では、タッチパネル式運転台モニタで乗務員支援、検修支援機能を持たせた。このモニタシステムは翌年(2000年)の3次3100系にも採用されたが、2001(平成13)年度以降の新造車は、それを更に発展させたTICSを採用している。

1600系の登場に合わせて、従来の座席指定車を「特別車」に、一般席車を「一般車」に呼称変更した。新機軸を盛り込んだ1600系であるが、空港線開通直後の多客時に2000系の不足を補うため6両編成で空港特急に使用されたこともあったものの、通常は支線特急用に使用されていた。

その後、特急政策の見直しにより、2008(平成20)年に、1600(Tc)形は廃車、1650(T)－1700(Mc)形は方向転換し1700系に改造された。

(5) 1700系

2006(平成18)年9月に発表された特急政策の見直しにより、全車特別車の1600系が不要になり、代わりに一部特別車が必要になった。2008(平成20)年に、1600系1600(Tc)－1650(T)－1700(Mc)の1600形を廃車、1650－1700形を方向転換し改造、2300系一般車4両×4編成を新造し併結し、1700－2300系の一部特別車として再出発した。現在は一般車2300系を含めた編成全体を1700系と称している。

1700系は、2015年から塗装変更された。一部特別車特急として2200系などとともにフル稼働している。◎太田川～高横須賀 2016年

編成は1700(Mc)－1650(T)－2400(T2)－2450(M)－2350(T2')－2300(Mc2)

下線付き2両は方向転換した特別車で豊橋方に連結。1人掛け座席を撤去し荷物置場の設置等の改造をして、塗装も2200系に似たイメージに変更。岐阜方の4両は、2200系の一般車と同じ設計で製造された2300系30番台。

特別車と連結する2400形は、廃車となった1600形から台車・空気圧縮機・バッテリーなどを移設された。車内は2200系一般車の2次車と同じでクロスシートは2人掛けと1人掛けになり、2200系と共通運用されている。なお、特別車先頭部の塗装が2015(平成27)年から再度変更され、編成全体にも窓下に赤帯が追加された。

(6) 2000系(ミュースカイ)

2004(平成16)年5月に空港特急用の全車特別車2000系1次車3両(Tc－M－Mc)×2編成が完成し、常滑線で車体傾斜制御の試運転を繰り返した。同年11～12月に2次車8編成が完成し、合計3両×10編成30両が揃った。

2005(平成17)年1月29日の空港線開業から営業投入され、2月17日の中部国際空港開港からはフル稼動した。「ミュースカイ」と

1600系の特別車2両を再利用、一般車4両を新造して併結し、一部特別車1700系として生まれ変わった。塗装も2200系に合わせて変更された。◎舞木検査場 2008年末

いう愛称が付けられ、名古屋～中部国際空港間が28分という速達性が人気を集め、2006（平成18）年4月下旬に、3次車4両×2編成を追加投入、3両組成の4両化をするための中間車2150形を10両製造し順次4両組成化し、4両×12編成の48両となった。

2000系は1600系をベースにしながらも、デザインを一新、車体色は名鉄カラーの赤から、白をベースに出入り口付近を青とした。先頭部は貫通式で両開きプラグドアの中に半自動幌を内蔵している。Mc－M－Tcの3両編成であるが、Mc・Mともに3個モーター（170kW/台）でMc車に制御器を搭載し、VVVFデュアルモードインバータ1C－3M×2群制御を行い、純電気ブレーキ、電気式戸閉器、転台モニタに情報表示し乗務員・検修支援機能を持たせた車両情報管理装置（TICS：Train Information Control System）を採用している。

空港アクセス用に開発された2000系ミュースカイ。運行開始の年に、グッドデザイン賞を受賞し、Gマークを付けて走行した。◎二ツ杁　2005年

スピードアップのための車体傾斜制御は神宮前～中部国際空港間で実施。一般車より＋5～15km/h曲線通過速度を向上させた。客室妻面上部には22インチ液晶ディスプレーを取り付け、行先・停車駅・号車・トイレの使用案内や、前方映像を動画で表示している。客室入口には大きなトランクを納められる荷物置場が設けてある。

増備した中間車（M1車2150形）は、トイレ位置を編成中央にするためMc車とM車の間へ挿入。2000系は3両組成で最適なシステムにしていたので、増備M1車は2個モーターで2M駆動用の制御装置・補助電源装置・空気圧縮機・バッテリーなどフル装備となった。また、空港駅にホームドアが計画されていたので、その制御用の車上装置（DCU）もM1車に搭載した。

最初から4両組成で作った3次車（2011・2012F）も、設計を統一するため同じ機器配置とした。JR西日本の尼崎での脱線事故を機に技術基準が改正され、曲線部速度超過防止用ATSが必要になった。従来のM式ATSでも曲線部に地上子を追加設置すれば対応できるが、常滑・空港線では従来車と2000系で曲線通過制限速度が異なるため問題になった。このためJRで開発されたATS－Pを2000系と常滑・空港線へ導入し、2000系先頭車へは2006（平成18）年から翌年にかけて取り付けて改造を行った。曲線部手前でATS－P地上子から信号をを受信すると、M式からPへ切り替わりPで速度を監視・制御している。

(7) 3300系・3150系

2004（平成16）年に、翌年の空港線開業による乗客増に備え、3300系4両（Tc－M－T－Mc）×1編成と、3150系2両（Tc－Mc）×4編成が新造された。本線系で運用する今後の名鉄の通勤車両の標準型として製作された。3300系の先頭車（Tc・Mc）と3150系は同じ仕様である。3300系は2016（平成28）年の5次車まで4両×9編成の36両が、3150系は2016年の6次車まで2両×19編成の38両が製造され、今後も増備が見込まれている。

本線系初のステンレス車。先頭部は鋼製でメタリックシルバー塗装。貫通プラグドアが中心をずらして取り付けてある。3500系・3100系の系列を引き継ぎながらも、前年に製造された地下鉄相直車300系で採用された新システムも導入している。

主要機器は同時期に製造された2000系・2200系と共通で、制御装置はVVVFデュアルモードインバータ1C－2M×2群制御、170kW主電動機。ブレーキは電気指令式電空併用ブレーキで、停止まで電気ブレーキを作用させる純電気ブレーキ、電気式戸閉器。UVカットガラスを採用し、カーテンを廃止した。

車両情報管理装置（TICS）を搭載するが、既存のTICS非搭載車（3500系等）と連結運転するので、TICS読替装置を搭載した。車内座席は300系と同じで、転換クロスシート・ロングシート併設し、ロングシート部はスタンションポールで仕切られ定員着席が守ら

2000系ミュースカイは、名古屋～中部国際空港間28分という速達性が人気を集め、登場1年後には3両→4両組成化された。◎石仏～布袋　2016年

撮影：寺澤秀樹

本線系で初のステンレス車として登場した3300系。これ以後の名鉄の通勤車両の標準型となり、2両組成の3150系とともに現在も増備されている。後ろに見えるモノレールは、この3年後に廃止された。◎犬山遊園　2005年

空港線開通に合わせて製造された一部特別車特急2200系。特別車の側面には号車を表す大きなロゴが描かれていた。◎岐南　2006年

れる仕組みとなっている。

　2007（平成19）年以降（3155F～）は、オールロングシートとなった。2015（平成27）年以降（3306F～）は、モノリンク式ボルスタ付き台車に変更、同年4月以降（3167F～、3307F～）は先頭部の塗装が変更されて赤が目立つようになり、側面の屋根付近に赤帯が追加された。先頭部の塗装変更と赤帯追加は既存車についても順次実施中である。

　3300系は、3500・3700系と共通運用、3150系は3100系と共通運用で、通勤輸送の主力となっている。なお、3次3300系の3306F（4両）は瀬戸線に配属されたが、これは喜多山付近高架化工事用の処置で、工事中は喜多山折り返しができず車両数が1本不足するための補填用で、高架化工事終了後に本線系へ転属する予定となっている（高架化事業費で新車費用を負担し、工事終了後に名鉄が簿価で買い取る方式）。

2015年度以降の3300・3150系は先頭部の塗装が変更され、既存車も順次塗り替えられている。◎神宮前～金山　2016年

新塗装の2200系。2015年以降は号車ロゴをやめて、窓下に赤帯が追加された。既存車も順次塗装変更された。◎矢作橋～宇頭　2016年

(8) 2200系

　空港線にも一部特別車特急を走らせることが決定し、2004（平成16）年末から翌年にかけて2200系6両×4編成が登場、2016（平成28）年の4次車まで6両×12編成72両が製造された。

　編成は2200（Mc）-2250（T1）-2400（T2）-2450（M）-2350（T2'）-2300（Mc2）

　制御器等の主要機器は同時期に製作された2000系・3300系と共通化した。車体断面形状は2000系と同じで車体幅2700㎜であるが、車体傾斜制御装置は搭載していない。塗装は白をベースに屋根近くに赤帯を配し、特別車側面には大きな号車ロゴ表示が貼り付けられている。

　特別車車内は2000系と同じ構造で先頭部は非貫通だが、2000系とデザインを合わせている。一般車の車内は3300系と同様に転換クロスシート・ロングシートが半々だが、2次2200系以降は転換クロスシートの半分を2人掛けから1人掛けとして通路を広くし、大きな荷物を引きずる空港旅客とラッシュ時の対策とした。

　2015（平成27）年の3次車以降（2210F～）は特別車の号車ロゴをやめて、一般車を含め窓下赤帯を追加した。既存車もそれに合わせて順次変更している。ラッシュ時は2200系の岐阜方に3100系・3150系（2両組成）を増結して8両運転される。

(9) 5000系（二代目）

　特急政策の見直しにより廃車となった1000系の主要機器を再利用して、2008（平成20）年2月から翌年にかけて4両（Tc1-M2-M1-Tc2）×14編成の56両が製造された。種車1000系の台車がボルスタ付きとボルスタレスだったので、5001～09Fがボルスタ付き、5010～14Fがボルスタレス台車。定員増加にともないブレーキ力アップの改造と軸バネ交換を行っている。

　1000系から引き継いだ界磁チョッパ制御、直流複巻電動機を使

第5章　高性能電車の登場

1000系特急車の機器を再利用して製造された5000系。車体は3300系に似ているが、前面非貫通。◎舞木検査場　2008年

用、回生付き電磁直通ブレーキ（HSC－R）。新造した車体はステンレス製で、3300系とほぼ同じ形状である。運転台機器が再利用品のため大柄なので、正面非貫通となったが、外観は似ている。

正面・側面の行先種別表示器にLEDを初採用、種別はフルカラー、行き先は白色LEDとなった。優先席を拡大（10人/両）と、優先席のスタンションポールと吊手の色を黄色にした。これらは、その後の新造車の標準仕様となっている。

3500系などの3000系列と連結できないので、正面に赤い飾り帯を付けて見分けができるようにされている。1800系や5700系とは併結可能であるが、通常は5000系のみで運用され、ラッシュ時は5000系同士を連結した8両編成も運行されている。また1編成は築港線のワンマン列車に使用されている。

（10）4000系（瀬戸線）

瀬戸線用に2008（平成20）年8月に4両（Tc1－M2－M1－Tc2）×1編成が登場、その後2014（平成26）年の10次車まで4両×18編成の計72両が製造され、瀬戸線の電車はステンレス車の4000系で統一された。

（現在、3300系1編成が高架化工事用で瀬戸線配属だが、工事終了後本線へ転属する。3300系の項参照）

瀬戸線用に設計された電車4000系。瀬戸線は全てVVVF制御のステンレス車で統一され、車両面では一番近代化された路線となった。◎矢田～守山自衛隊前　2013年

瀬戸線喜多山付近の高架化の準備工事で、車庫が喜多山から尾張旭へ2007（平成19）年に移転した。

尾張旭検車区には地元要望により車体塗装場を設けないことになり、全車72両のステンレス車への置き換えが移転前から検討され、2010（平成22）年度から5年間は本線系の車両新造を中断して、瀬戸線4000系のみを集中増備し、車両を全て置き換えた。

4000系は本線系の最新鋭3300系をベースにし、全て4両固定編成。急曲線が多いこと、塗装設備がないことなどの瀬戸線固有の条件も加味して、18編成一括しての機器選定が行われた。価格低減のためJR東日本などで大量使用されているVVVF制御装置（1C－4M×2群）と4両給電で待機2重系の補助電源装置を編成に各1組とした。

低騒音化のため全閉型モーター、スクロール式コンプレッサを採用、急曲線対応で、モノリンク式のボルスタ付き台車にした。瀬戸線には在姿形車輪旋盤がないので、車輪にフラットが出来たときなどに取り外して舞木や犬山などへ送り、車輪旋盤で削正する必要がある。車輪の脱着がしやすいこともモノリンク式台車採用の一因となった。（本線系には、犬山と新川に在姿形車輪旋盤があるので、車輪を外さなくても削正可能）

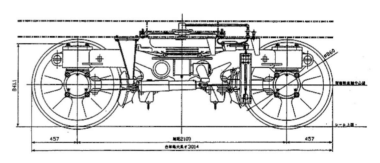

3150系のSUミンデン式ボルスタレス台車
台車形式：SS164A（M台車）

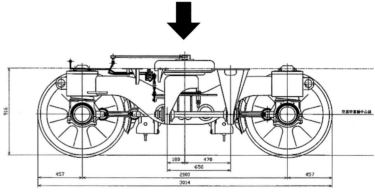

4000系のモノリンク式ボルスタ付台車
台車形式：FS571M（M台車）

車体は、完全無塗装にするため、先頭部分もステンレス製のオールステンレス車。車内は5000系と同じロングシート。乗降口付近の床の色を黄色として目立つようにし、その後の新造車にも適用。車内の案内表示は、首都圏のJRと同じ15インチのカラー液晶画面のトレインビジョンシステムを中部圏で初採用し、各乗降扉の上部に配置している。

5-7 地下鉄乗り入れ車両

(1) 100系

 豊田線と名古屋市営地下鉄鶴舞線との相互直通運転に備え1978（昭和53）年に4両（Mc1－M2－M1－Mc2）×2編成が登場。翌年2次車4両×3編成が増備され計5編成が完成。1979年7月に豊田線が開通し相互直通運転が開始された。1993（平成5）年には犬山線と地下鉄鶴舞線との相互直通も始まり、そのために編成の増備と6両組成化が行われ、100系は最終的に6両×10編成の計60両が製造された。その後、200系6両×1編成が製造され、100系・200系合わせて11編成66両が、犬山線－地下鉄鶴舞線－豊田線の相互直通用に使用されている。

 100系は、6000系をベースに全長20m、4扉の全電動車編成。1C－8Mの抵抗制御車で、発電制動付き電磁直通ブレーキ（HSC－D）、モーターの出力は100kW、地下鉄鶴舞線内で使用する車内信号式のATCや誘導無線式の列車無線なども搭載している。1989（平成元）年に増備した3次車（116F）4両×1本では、界磁添加励磁制御、回生ブレーキ付きに変更された。

 1991（平成3）年に増備した4次車（211～214F）4両×4本は、3次車と同じ界磁添加励磁制御、回生ブレーキ付きであるが、番号が200番台となった（ここまでは全M車で製造された）。1993（平成5）年から開始される犬山線－鶴舞線の相互直通用の電車を早めに製作し、相直開始までは犬山線のラッシュ輸送用に4両組成2本つないで8両運転された。

 1993（平成5）年に増備した5次車は、4両組成10本を6両化するため、中間車のみ2両（T－M）×10本が製造された。これが名鉄初のVVVF制御車で1C－4M制御となった。

 2011（平成23）年から1・2次100系のリニューアル工事が始まり5組成（111～115F）が完了した。制御装置が更新され、抵抗制御からVVVF制御に変更され、M車比率を下げた。

 編成は110（Mc1）－120（M2）－150（T）－160（M）－130（M1）－140（Mc2） 111～115Fの5組成を更新。

 更新後は110（Tc）－120（M2）－150（T）－160（M）－130（T）－140（Mc2）。ただし中間の150－160形はあとから増備された車両なので更新対象外である。

犬山線～名古屋地下鉄鶴舞線～豊田線の相互直通用に活躍する100系。初期の車両は抵抗制御車だったがVVVF制御化改造と特別整備を実施しまだまだ頑張る。
◎上小田井～西春 2008年
撮影：寺澤秀樹

小牧線～名古屋地下鉄上飯田線の相互直通用に活躍する300系。名鉄初のステンレス車として登場した。地下鉄の路線カラーのピンクの帯を巻く。
◎味美～春日井　2013年

(2) 200系

1994(平成6)年に6両×1編成が製造された豊田線の相直用電車。最初から全VVVF制御で製造されMT3両ずつの6両組成である。100系4次5次車の次に出来て、214Fの続き番の215Fであるが、この1本だけは200系と呼ばれる。今のところ犬山線－地下鉄鶴舞線－豊田線の相互直通用(6両×11編成)の最終増備車となっている。

(3) 300系

2002(平成14)年に、小牧線と名古屋市営地下鉄上飯田線の相互直通運転用に4両(Tc1－M2－M1－Tc2)×8編成の32両が製造された。地下鉄上飯田線は、その翌年の2003(平成15)年に開通して相互直通が開始された。

全長20m、4扉、名鉄初のステンレス車体で、先頭部は鋼製でメタリックシルバー塗装。貫通プラグドアを片側に寄せた構造となっている。

名鉄カラーの赤帯と地下鉄上飯田線の路線カラーであるピンクの帯が配されている。室内は、混雑時の対応と昼間帯の居住性を両立させるため、ロングシートとクロスシートを併設。窓ガラスにはUVカットガラスを採用し、カーテンを省略した。車両情報管理装置(TICS：Train Information Control System)が名鉄で初めて採用され、タッチパネル式運転台モニタに情報を表示し乗務員支援、検修支援機能を持たせている。

制御装置は1C－2M×2群のVVVFインバータ制御装置を搭載し、M2車の制御装置はSIV故障時に対応するデュアルモードである。ブレーキは電気指令式電空併用ブレーキで、停止まで電気ブレーキを作用させる純電気ブレーキを初めて採用。扉開閉用の戸閉器は、従来の空気式からモーター駆動の電気式としている。

ワンマン運転を行うため、駅ホームの映像を運転台モニタに表示する映像伝送装置を搭載。また、相直車であるため、名鉄線用のATS・空間波列車無線と、地下鉄線用のATC・誘導列車無線の両方を搭載、名古屋市内の地下駅に設備されているホームドア用の制御装置(DCU：Door Control Unit)も搭載した。

小牧・上飯田線直通車に関しては、名鉄と名古屋市交通局で主要な機器は統一することで合意し、名古屋市交通局では上飯田線用に7000形を2編成用意し、ほぼ同じ仕様で製造した。名鉄小牧線20.6km、地下鉄上飯田線0.8kmと極端に乗り入れ距離が違い、相直距離数を合わせるために7000形は常時1本がラッシュ時に使用されるだけで、予備の1本は地下鉄上飯田線に車庫がないため、犬山検査場に留置され、車両の検査修繕も全て名鉄へ委託している。

Column　『名古屋市史』に登場する名古屋鉄道⑤

名古屋鉄道と愛知電鉄の路線拡大

　名古屋電鉄は、大正11年（1922）8月に名古屋市に対して市内線を譲渡した際、押切～柳橋間の路線に郊外線を乗り入れ使用することを契約に明記した。名古屋電鉄から前年6月13日分離独立した名古屋鉄道が、11年11月には市内ターミナルとなった柳橋駅に本社を置いて営業を開始した。押切～柳橋間は市電の路線となったために恒久的使用は保証されなかった。また、周辺住民は郊外線の大型車両の市内走行に対して振動等の苦情を申し立てたため、対策を講ずる必要があった。すでに同社は8年6月に、枇杷島からほぼ東海道線に沿って笹島にいたる新路線を申請していた。これは、9年1月からはじまる名古屋市の都市計画事業と、当時、構想されつつあった省線名古屋駅の移転・改築計画に密接に関連するものであり、11年8月には免許が得られた。しかし、この区間の路線敷設が実現するまでにはその後かなりの期間を要した。

　尾北地方に路線網を有する名古屋鉄道は、この地方での路線拡大を図るために、11年1月に美濃電軌の株式を取得して傘下に置いた。岐阜市を中心に路線網を展開してきた美濃電軌は、木曽川を越えて愛知県側に進出する気配があったため、それを抑える意味をもっていた。名古屋鉄道が次にとった手は尾西鉄道の吸収であり、これによって尾張西部に路線網を広げることができた。明治29年（1896）6月に設立された尾西鉄道は、この地方でもっとも古い歴史をもつ私営鉄道であるが、大正3年の名古屋電鉄津島線の開通後は経営が悪化した。その後も路線の拡張を図ったが経営は好転せず、つ

いに14年8月に鉄道事業を名古屋電鉄に譲渡したのである。

　名古屋鉄道の傘下にあった美濃電軌は、昭和にはいってからの不況と乗合バス対策の遅れのために経営の悪化を招いた。このため名古屋鉄道との合併に踏み切り、昭和5年（1930）3月に両社の間で仮契約が結ばれた。しかし、県境を越えての合併であったため岐阜県側に反対意見が多く、第三者の調整によって同年8月に正式に合併することができた。名古屋鉄道は合併を機に社名を名岐鉄道に変更した。こうして同社は木曽川以北へ路線を広げることに成功したが、ほぼ同じころに、尾張北東部でも合併とこれにともなう路線の新設を行っている。それは、4年4月に行われた尾北鉄道と城北鉄道の吸収であり、両社は事業計画を立案していたがまだ路線はもっていなかった。このため2年後の6年に、上飯田～新小牧間、味鋺～新勝川間、新小牧～犬山間で路線を建設し、既存の路線網に組み入れた。

　大正6年に神宮前～笠寺間と笠寺～有松裏間を開通させた愛知電鉄は、11年7月に東海道電鉄との合併を果たし、東海道電鉄がもっていた名古屋～豊橋間の敷設免許を手に入れた。そして12年4月に有松裏～知立間を、同年12月には知立～東岡崎間を開通させた。豊橋へ向けての愛知電鉄の敷設工事はさらにすすめられ、15年4月に東岡崎～小坂井間が完成し、昭和2年6月に神宮前～吉田（豊橋）間が全通した。神宮前と豊橋を結ぶ豊橋線を開通させた愛知電鉄は、その後も路線網の拡大に取り組み、次々に路線を広げていった。

第6章
岐阜の電車

　美濃電由来の岐阜地区においても戦後の輸送力不足を解消するため、1949（昭和24）年から三重交通神都線のモ540形3両を購入し、1950（昭和25）年からはモ570、580、590と、14両の新造車を投入した。1967（昭和42）年には木造の単車を一掃、その後、揖斐線や軌道線の不振を打開する施策として、1967年には揖斐線と岐阜市内線との直通運転、1960（昭和35）年には美濃町線の新岐阜乗り入れと軌道復権の動きを見せた。

提供：名鉄資料館

柳ヶ瀬に停車中の520形（その後に500形）。1911（明治44）年の開業時、美濃町線の起点は岐阜の繁華街・柳ヶ瀬だった。1950（昭和25）年に徹明町〜梅林の新線を建設し、徹明町が起点になった。

6-1 旧型電車の時代

提供：名鉄資料館

美濃電から引き継いだ車両はすでに記したが、美濃町線用のボギー車と市内線用木造単車、戦後製造のボギー車と転入車について紹介する。

旧型車の改造・他社からの転入

美濃町線用ボギー車はモ500、510、520の3形式があった。戦後の新造ボギー車が登場すると、モ500形は鏡島線で使用され、かつて笠松線で鉄道用車両として使用されたモ520、510形は美濃町線専用となった。揖斐線と市内線との直通が1967（昭和42）年12月17日に開始されると、半鋼製車モ510形がその専用車として起用され、塗装変更、クロスシート化、間接制御化、パンタ装備が行われた。

1968（昭和43）年には直通列車の増発によりモ522～526も起用され、塗装変更、クロスシート化、パンタ化などが実施された。その後連結運転の本格化により、モ510形のモーターを取り換え、連結運転時の520形を無動力とするための揖斐方運転台には直接制御器と間接制御のコントローラーが同居した。

また、1949（昭和24）年6月には三重交通神都線から501形3扉車3両を購入し2扉に改造し、モ540形として美濃町線で使用した。改造部分の中央扉あとの窓にもRが付き、時代を感じさせる。1960（昭和35）年にはモ541と542が永久連結化された。単独で残ったモ543はニセスチール化され、扉、窓上部のRがなくなり、三重交通時代の面影がなくなった。

木造単車は美濃電時代からの車両、瀬戸線からの転入車、戦災復旧車を含め40両近くが高富線なきあとも市内線で活躍していた。しかし廃止された北陸鉄道金沢市内線からの転入車により、1967（昭和42）年7月23日、木造単車は一掃された。その陣容はモ530形（北陸モハ2107）、モ550形（北陸モハ2001～2010）、モ560形（北陸モハ2201～2006）の17両で置き換えられた。

510形により新岐阜直通急行運転開始。
◎本揖斐　1967年12月

三重交通から来た540形。連結運転を行った。
◎徹明町　1960年

岐阜市内線単車の最後。
◎新岐阜駅前　1967年7月

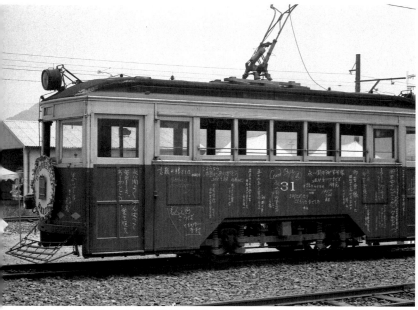
さようなら岐阜の単車。関係者が車体へメッセージを書き込んだ。
◎岐阜工場　1967年7月

金沢から転入した550形の運転開始式典。
◎岐阜工場　1967年7月

第6章 岐阜の電車

元金沢市内線(2000形)の550形。10両が譲渡された。◎公園前 1977年

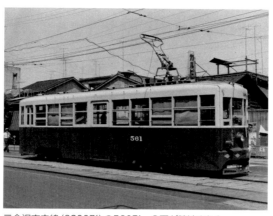
元金沢市内線(2200形)の560形。6両が譲渡された。◎岐阜市内線 昭和40年代

元金沢市内線(2100形)の530形。1両が譲渡された。◎岐阜工場 昭和40年代

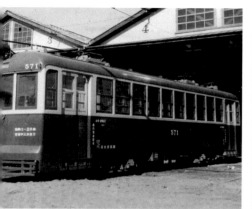
1950年に製造された570形。◎岐阜工場(長住町) 昭和20年代

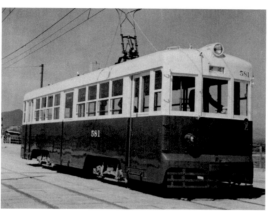
1955年に製造された580形。◎岐阜市内線 1955年

1957年に製造された590形。◎徹明町 昭和30年代

戦後の新造車

　岐阜市内線、美濃町線用に戦後製造された半鋼製ボギー車モ570形(571〜575・1950〜53年製)、580形(581〜584・1955〜1951年製)、590形(591〜595)の14両全金属ボギー車は大型で、曲線半径の小さい伊奈波通りより北に入線することはなかった。

美濃町線の近代化
（モ600形の新造とモ870形の転入）

　各務原線田神から新岐阜駅に美濃町線を乗り入れるため、田神線が建設された。1960(昭和45)年6月25日から直通運転が開始されたが、このため新造されたのが複電圧車モ600形6両である。軌

美濃町線を新岐阜駅へ乗り入れるために複電圧で造られた600形。◎田神線市ノ坪〜競輪場前 1970年

札幌から転入した870形の発車式が盛大に行われた。◎美濃　1976年10月

道専用の小さい車体に複電圧機器を装備するため抵抗器は屋根上に設置、台車、駆動装置はモ180形などの部品を転用するため、窮屈な艤装となったが、連結運転は可能であった。1971(昭和46)年、ローレル賞を受賞したが、美濃町線の起死回生策とはならなかった。

さらに美濃町線には1976(昭和51)年、札幌市からA837〜842の連接車3本を購入し、窓の開閉改造を行いモ871〜876とした。複電圧車ではなく、徹明町発着で使用した。1988(昭和63)年に1編成(871-872)が廃車になったが、残る2編成は1996〜97(平成8〜9)年に冷房化と特別整備を実施した。この特別整備により側面の大きな窓や広い扉が標準的なものに改造された。2000(平成12)年には、複電圧化とワンマン化改造を行い、新岐阜駅直通運転も出来るようになり、美濃町線の最後まで活躍した。

運転を開始した870形。札幌時代の面影をよく残していた頃。
◎美濃　1976年10月

晩年の870形。大改造が行われ、側面の窓や扉が小さくなった。
◎美濃町線競輪場前付近　2004年

6-2　新型電車の登場

(1) 880形

1980(昭和55)年に美濃町線活性化のために投入されたのが880形連接車。5編成10両が製造され、日中の新岐阜〜新関間の運転間隔を30分から15分にして列車本数を倍増させた。新岐阜へ直通できる複電圧車両で、名鉄路面電車初の空気バネ台車、カルダン駆動式。車体のデザインも一新され、名鉄の路面電車の新しい顔となった。

登場時は非冷房だったが、1991〜93年(平成3〜5)年に冷房化改造を行った。ただし、冷房用電源装置は600V専用で、1500V区間では非冷房だった。1999(平成11)年に美濃町線ワンマン運転化のため、ワンマン化改造された。2005(平成17)年の岐阜地区600V線区全廃により廃車となったが、全5編成は福井鉄道へ譲渡された。譲渡にあたり、複電圧機器の撤去、弱め界磁制御の追加等の高速化改造を行った。

(2) 770形

1987(昭和62)年に、岐阜市内線〜揖斐線直通用として製造された連接車(4編成8両)。岐阜市内線から揖斐線へ直通する列車は、1967(昭和42)年に、510形520形を使用して開始されたが、両形式とも大正生まれの電車で、その置き換え用に製造された。抵抗制御・直流モータ・カルダン駆動の電車で、7年前に登場した美濃町線用の880形のデザインを引き継いでいるが、揖斐線走行区間が長

登場した頃の880形が津保川鉄橋を渡る。
登場時は非冷房だった。
◎美濃町線上芥見〜白金　1980年

登場した頃の770形が忠節橋を渡る。岐阜市内線と揖斐線の直通電車に使われた。
◎岐阜市内線西野町〜早田 1987年頃

いので、速度が出せるように弱め界磁制御付きだった。

名鉄600V区間初の冷房車で、塗装は赤一色で登場したが、後に登場した780形の塗色が好評だったので、同じ色に塗り替えられた。2005(平成17)年に岐阜地区600V線区全廃により廃車となったが、4編成8両全部が福井鉄道へ譲渡され活躍中である。

(3) 780形

岐阜市内線最後の新車780形。VVVF制御・斬新な塗装でデビューした。
◎岐阜市内線千手堂 1998年

1997・98(平成9・10)年に登場したVVVF制御車。連接車770形とよく似た車体形状のボギー車だが、性能は上回り、岐阜のイメージにあった新しいカラーリングで好評だった。この電車の登場により岐阜市内線〜揖斐線の直通列車が大増発され、揖斐線内専用の旧型車両はほとんどが廃車になった。

ラッシュ時は連結運転を行い、揖斐線内では3両運転も行われた。2005(平成17)年に岐阜地区600V線区全廃により廃車となったが、7両全てが豊橋鉄道へ譲渡され、豊橋市内線の主力として活躍中である。

(4) 800形

2000(平成12)年に、美濃町線の新岐阜直通用に3両が製造された複電圧の部分低床車。バリアフリーとメンテナンスのしやすさを両立させた意欲的な車両だったが、軌道用としては名鉄最後の新造車となった。VVVF制御車で、補助電源装置(SIV)も複電圧対応だったので、880形・870形と異なり1500V区間でも冷房装置が働いた。2001(平成13)年10月に福井駅前のトランジットモール社会実験が行われ、802号が約1ヶ月間福井鉄道へ貸し出された。当時の福井鉄道は名鉄グループだったので、福井鉄道からの依頼に応えて名鉄も柔軟に対応した。

登場から、わずか5年後の2005(平成17)年に岐阜地区600V線区全廃により廃車となったが、801号は豊橋鉄道へ、802・803号は福井鉄道へ譲渡され活躍している。

美濃町線最後の新車800形。複電圧・部分低床の意欲的な車両だった。
◎田神線市ノ坪付近 2004年

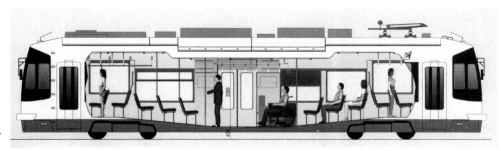

800形の断面イラスト。中央の扉付近が低床式で、床面の一部に傾斜を付けた構造。

Column 『名古屋市史』に登場する名古屋鉄道⑥

名古屋鉄道の東西連絡線

昭和10年（1935）8月の合併によって誕生した名古屋鉄道は、旧名古屋電鉄と旧愛知電鉄が名古屋市内に乗り入れている路線を互いに結びつけるという大きな課題を抱えていた。岐阜方面からの西部線を省線名古屋駅前まで延長し、豊橋方面からの東部線を同じように省線名古屋駅前まで延長して西部線とつなげば、三河地方と尾張・美濃地方にまたがる大規模な電車網が一挙に実現する。

西部乗入後は、名岐線の枇杷島橋付近から分かれて栄生町・則武町を経て名古屋にいたる延長3.3kmの路線である。栄生までは東海道線に沿うようにその東側を走り、栄生と名古屋駅の間は地下トンネルで結ぶ。工事は12年7月に始められ、資材難と労働力不足に悩まされながら、着工以来4年2ヵ月の歳月を経て、16年8月に乗入れ工事は完成した。新名古屋駅と名付けられた終点には、13年6月すでに開業していた関西急行電鉄との連絡口や連絡線が設けられた。8月11日に新旧路線の切替えが行われ、枇杷島橋畔～押切～柳橋の路線は明治43年（1910）以来の歴史を閉じることになった。

一方、神宮前から新名古屋駅にいたる東部線の工事は17年8月に始まった。労力・資材ともに払底して工事は遅々として進行しなかったが、名古屋市南部には軍需工場が立地していたため、神宮前駅を利用した通勤手段を早急に確保する必要があった。苦労の末、19年9月に新名古屋～神宮前間5.8kmの単線が開通した。ただし東部線と西部線では電圧が異なるため、金山駅を1500ボルトと600ボルトの分界点とし、新名古屋～金山間は折返し運転とした。その後、新名古屋～神宮前間の複線化が行われ、19年12月に東西連絡線全線の複線化が完成した。

こうして名古屋鉄道の電車網は愛知・岐阜両県にまたがる広大なものになったが、これと並行して他の民営鉄道との合併もすすめられた。その背景には戦時体制のもとで企業合同を迫る統制の動きがあり、これにそうかたちで合併もすんだ。まず14年5月には瀬戸電鉄との間で合併契約が締結された。創業が明治35年と古い瀬戸電鉄は、この地方の電鉄網のなかでは比較的孤立した存在であった。設備投資の償却負担も軽く、沿線の交通需要も伸びていたため業績は安定していたが、統制の波には逆えれず名古屋鉄道と合併することになった。ついで16年1月には三河鉄道との合併が行われた。旧愛知電鉄と長年ライバル関係にあった三河鉄道は、名古屋鉄道とも地方バスの経営をめぐって競合してきたが、鉄道省の再三にわたる説得を受け入れ合併にいたった。地域統合の政策のもとで強引ともいえる合併がすすめられた結果、愛知県下の鉄道事業は一手に名古屋鉄道が掌握する体制になった。

第7章
名鉄の気動車

　名鉄の合併会社には蒸気鉄道で開業した会社もある。瀬戸自動鉄道（現・瀬戸線）開業時にセルポレー式蒸気動車が導入され、三河鉄道（現・三河線）にも蒸気動車が導入された。その後、内燃機関の発達により気動車が登場し、名鉄（合併会社を含む）でも非電化路線へ導入された。戦時中の燃料不足の時代に、気動車は付随車や制御車に改造されて一旦姿を消した。

　しかし1965（昭和40）年、国鉄高山線への乗り入れのため、キハ8000系気動車が製造された。準急からスタートした「たかやま」号は、特急「北アルプス」号まで昇格し、高性能の8500系も投入された。気動車の保守に慣れていたこともあり、ローカル線の救世主として開発されたLEカーも名鉄が最初に導入した。

準急「たかやま」号が運転開始　新名古屋駅。1932年から始まった名鉄の高山線乗り入れは、戦争の影響により1943年頃に中止された。1965年に、新型気動車キハ8000系を新造し、デラックス準急「たかやま」号として華々しく復活した。◎1965年8月

7-1 瀬戸自動鉄道と三河鉄道の蒸気原動車

提供：名鉄資料館

　この車両を気動車として分類してよいかどうかはともかく、電車ではない。わが国では例がないが瀬戸電気鉄道は、この蒸気原動車A，B，Cの3両を使用して輸送を開始した。1905（明治38）年4月1日、フランスから輸入したこの車両は機関士1人、助手2人、車掌1人が乗務し、旅客定員35人というものだったという。

　蒸気機関車と同じ仕組みであり、維持に手のかかることは予想できる。故障や、運休が多かった。翌年12月には大曽根まで開通したこともあり、瀬戸電気鉄道と改め、翌年3月17日には、全線電化した。その後、原動車は大正時代までは存在したらしい。当初、使用時には蒸気機関であるが故に夜間も火力を保つ（保火）ことが必要であり、係員が寝入ってしまい窒息死したこともあるという。

　三河鉄道では、1914（大正3）年汽車会社から101号車として購入した。しかし、三河鉄道としては新車だったが、あまり活躍しなかったようだ（三河鉄道は1926年電化）。

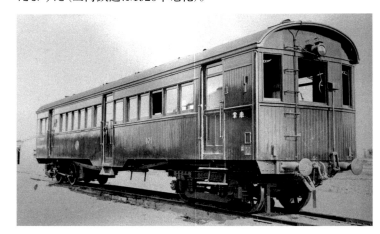

瀬戸自動鉄道のセルポレー式蒸気動車。1905（明治38）年に、この蒸気動車で開業したものの、思うように動かず、2年後に電化し電車が走り始めて「瀬戸電」となった。

三河鉄道が新車で導入した蒸気動車101号。三河鉄道は1914（大正3）年に蒸気機関車牽引列車で開業したが、同時にこの蒸気動車101号も導入した。

7-2 キボ50形

　名古屋鉄道として最初の気動車は、名岐鉄道が1931（昭和6）年2月11日に開通させた城北線・上飯田〜新小牧間9.7kmと勝川線・味鋺〜新勝川間2.1kmで使用され、4月29日に開通した尾北線・新小牧〜犬山間10.9km（いずれも、現・小牧線）を非電化で運転開始したときに導入した。うち勝川線は1936（昭和11年4月8日に休止し、翌年2月1日に廃止された）このときキボ50形10両（51〜60）を日本車両から購入した車両だった。

　しかし、燃料事情が悪化すると1942（昭17）年7月1日、上飯田〜新小牧間を電化し、4両をキハ101〜104とし気動車で残ったが、6両はサ2060の付随車に改造され三河（1，4，5）東部（6）瀬戸（2，3）と分散した。

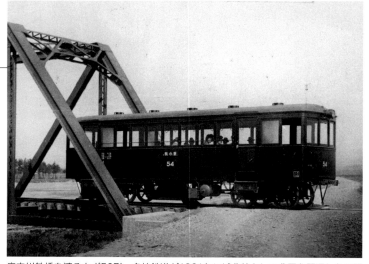

庄内川鉄橋を渡るキボ50形。名鉄鉄道が1931年に城北線として非電化開通した区間で使用した。城北線→大曽根線→小牧線と名前を変え、途中で電化されたので、付随車、制御車に改造された。◎1931年

戦後は制御車ク2060として使用されたが、1961（昭和36）年2月1、2が廃車。1967（昭和42）年には残りも廃車となり、6と9は福井鉄道へ転じサ21、22となったが、あまり使用されないまま廃車になった。

瀬戸線喜多山車庫の2060形。気動車キボ50形は、サ2060形付随車に改造され、戦後はク2060形制御車に改造されて600V線区で活躍した。◎昭和30年代

7-3 キ10形

1927（昭和2）年4月16日、三河鉄道が合併した旧岡崎電軌の軌道線岡崎駅前〜拳母間に、1932（昭和7）年7月、3両のガソリンカーを走らせた。珍しく、岡崎市内では軌道を走る気動車で、前後に救助網を付けていた。

名鉄合併後はキハ150形となり、非電化の蒲郡線に移り、1942（昭和17）年には木炭ガス発生装置を付けた。その後、付随車サ2280形となり、電車の仲間入りをし、1947年8月に、当時の名鉄渥美線へ転属し、豊橋鉄道渥美線になってからは、制御車ク2280形、最後はク2000形として1971（昭和46）年までに廃車となった。

渥美線豊橋の2080形。岡崎電軌のガソリンカー・キ10形は、名鉄合併後キハ150形となる。その後、付随車サ2280形となって渥美線へ転属した。◎昭和20年代後半

7-4 キ50形、キ80形

三河鉄道が、1929（昭和4）年8月に延長した吉良吉田〜三河鳥羽間3.2km（単線電化）を開通させ、1936（昭和11）年7月から11月にかけ、蒲郡まで14.4km（単線非電化）を延長開業したことに伴い、日本車両でキ50形2両を、翌年流線型の大型気動車キ80形2両を増備した。

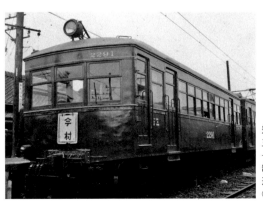

蒲郡線で働く2291号。三河鉄道気動車キ50形→合併によりキ200形→制御車化され、ク2290形となった。◎昭和30年代

木炭ガス代燃車時代のキ201号。1936年に開通した三河鉄道の三河鳥羽〜蒲郡間は非電化だった。その区間用に、キ50形が製造され、名鉄との合併によりキ200形となった。◎蒲郡線・戦時中

名鉄合併後はキ200、キ250となり代燃車として使用されたがキ200はサ2290、1953（昭和28）年にク2290となり、1963（昭和38）年に北恵那鉄道へ移り、1978（昭和58）年9月に同社の鉄道廃止と運命をともにした。台車は最後まで気動車用の台車のままだった。特に片側は偏心台車という特殊なものだった。

キ250形の代燃車は短くサ2220形となり、長く付随車として使用された。1960（昭和35）年には2両とも瀬戸線に転じユニークなスタイルで親しまれた。特にク2222号車はファンにはナンバーの書体から「あひる」と愛称された。2両とも1973（昭和48）年には姿を消した。

新川工場に留置された2220形。三河鉄道の流線型気動車80形は、名鉄合併後250形となったが、戦後は付随車化され築港線でデキに牽引されていた。1960年に制御車化されて瀬戸線へ転属した。◎1960年

7-5 300形

瀬戸線では昇圧で登場したモ6600系まで、新車は投入されなかったが、瀬戸電最後のオリジナル車両が、この気動車であった。1936（昭和10）年10月に日本車両で新造。東急東横線の急行用気動車と同じく、省電力対策として、瀬戸電気鉄道が急行ロマンスカーとして投入した。

しかし、燃料事情の悪化により、ガソリンカーとしての寿命は短く1941（昭和16）年3月にはサ2200形となり、蒲郡線で蒸気機関車に牽かれるようになった。1950（昭和25）年にはク2200形制御車となり、その後瀬戸線にもどり、1964（昭和39）年、福井鉄道へ移りクハ141，142として、同時に移籍したモ700形のモハ141，142とコンビで活躍した。

瀬戸線の2200形。瀬戸電鉄気動車300形→サ2200形→制御車化されてク2200形となった。◎昭和30年代

7-6 キハ6401号

元国鉄ホジ6014→ジハ6401として汽車会社で製造された車両であり、戦時の燃料事情の悪化により、当時、非電化線区であった蒲郡線で使用するために国鉄から購入した。

しかし、あまり活用できないまま1947（昭和22）年には蒲郡線も電化され、不要となった。1951（昭和26）年には廃車となり、その後犬山遊園地（現・犬山ホテル所在地）に展示され、明治村開村時に村内に移され展示された。その後、鉄道記念物に指定され、JR東海がリニア鉄道館を開設する際に、再度復帰し、整備のうえ展示中である。

明治村に展示されていた蒸気動車キハ6401号。戦時中の1944年に、非電化の蒲郡線へ投入するため国鉄の払い下げを受けた。明治村で1967年から展示されていたが、現在はリニア鉄道館で展示中。◎1967年頃

第7章 名鉄の気動車

7-7 キハ8000系

戦後の気動車の歴史は「高山号」から「北アルプス号」の歴史である。1965（昭和40）年8月、国鉄高山線直通乗り入れ用に、先頭車キハ8001,2、中間車キハ8051,2、先頭車キロ8101（1969年にキハ8101に改造）中間車キロ8151（1970年にキハ8102に改造）に製造した。話の初めはオール1等車で食堂車もという話があったという。現在のグルメ列車の先駆けのような話である。

営業開始前には津島線中心に各線で試運転が行われた。しかし「たかやま号」の担当は鵜沼乗務区であり、他線での試運転には担当区の助役が添乗した。実際の営業に際しては新鵜沼～美濃太田間も鵜沼乗務区が国鉄免許を取得し、乗務してタブレット時代は車掌が同乗し授受を担当した。

その間、1969（昭和44）年にはキハ8200系（8201～5）とキハ8003の6両が増備された。最初は準急列車であったが、急行となり、1976（昭和51）年10月の国鉄ダイヤ改正で、特急列車に格上げされた。車両としては名鉄式のパノラマウィンドウの車体を持ち、足回りは、国鉄キハ58系と同じであった。しかし、2エンジン車が中間車だけであり、高山線では出力不足気味であり、より強力エンジンの8200系が増備された。この間、国鉄の臨時列車「りんどう」や自社線内での座席指定特急など多様な運用についた。運用区間も飛騨古川、さらには富山地鉄線にまで延びるなど変化したが最後は高山までに落ち着いた。

高山線を走るキハ8000系急行「北アルプス」。準急「たかやま」号用にキハ8000系が1965年に製造された。その後、急行に格上げ、1970年に立山まで直通運転を行い「北アルプス」号と改称。その後、特急に昇格した。◎1970年

7-8 キハ8500系

JR高山線の特急がスピードアップを図り、カミンズ製の新型強力エンジンを付けたキハ85系に置き換わった。名鉄もこれに対応し、1991（平成3）年3月16日からキハ8500系5両（先頭車キハ8500形4両、中間車1両）を新製して置き換えた。今度はJRダイヤの充実により、名鉄車両の単独運用の列車ではなく、美濃太田以遠は「ひだ号」と併結運転となった。しかし、2001（平成13）年10月1日のJRダイヤ改正で「北アルプス号」は廃止となり、車両は第三セクターの会津鉄道へ売却され、「会津マウントエキスプレス」として活躍した。それも2010（平成22）年5月には廃止となり、中間車以外の4両は保存されたが、2016（平成28）年7月にはミャンマーに輸出され再起が報じられた。

神宮前付近を走るキハ8500系。特急「北アルプス」号用の老朽化したキハ8000系を置き換えるため、JRキハ85系と同性能の8500系を1991年に製造した。◎1991年

7-9 LEカー（キハ10、20、30）

　LEカーとは、マイカー時代の到来で、国鉄地方交通線や私鉄の閑散線区でも旅客減少が著しく、廃線も続出した。そうした中、富士重工業がローカル線用の切り札としてLEカーと称してバス部品を多用した小型ディーゼルカーを開発、セールスした。閑散線区を多く抱える名鉄がこれに乗った。目的はバス部品の多用と軽量化によるランニングコストの減少が狙いであるが、技術的には1軸ボギー（？）と称する走行機構に無理があるように思われた。これは線路に対する負担軽減と乗り心地改善を図るとしたが、このシリーズを採用したのは名鉄のほかは数社に過ぎず、結果は永続きせず、ボギー構造に戻った。

(1) キハ10形

　キハ10形は車体長12mのロングシート車体であり、ワンマンカー仕様である（当初は車掌が乗務）。目玉の単台車の軸距は7mで空気ばね装備であった。1984（昭和59）年製の1期車は3両（11〜13）で非冷房車、9月23日から八百津線・広見線線（新可児〜八百津）で使用された。翌年製の2期車も3両（14〜16）で冷房車となったが、3月14日から三河線（猿投〜西中金）にもLEカーを導入することになり、冷房車のバランス上奇数車が八百津線、偶数車が三河線に配置された。

八百津駅のキハ10形。国鉄赤字ローカル線の第三セクター化対策で新型レールバスLEカーが開発され、1984年に八百津線へキハ10形が投入された。◎1984年

(3) キハ30形

　キハ30形は1955（平成7）年2月、キハ10形の代替のため、車体長16mのキハ30形が誕生した。台車、エンジンは20形と同様であるが、変速域では自動切り替えであり、基本的にはキハ20形との併結運転は実施しない。これと同時にLEカーのパイオニア、キハ10形は全廃された。どうも1軸ボギーという発想はメーカーの独走だったようで、永続きしなかった。もともと軌道の貧弱な閑散線区に単台車は不向きだったのだ。

　LEカー投入線区だった八百津線は2001（平成13）年10月1日に廃止され、この時キハ20形21，22は廃止、残る車両は三河線に集められたが、2004（平成16）年4月1日には三河線の両端区間は廃線となり、LEカーの歴史は終わった。キハ20、キハ30形ともミャンマー国鉄に譲渡された。

三河線（山）を走るキハ20形。キハ10形に比べ、やや大型になりボギー車化されたキハ20形。1987年に登場し、その後増備された。◎2004年

(2) キハ20形

　LEカーの運用区間は拡大し、1990（平成2）年7月1日からは三河線の碧南〜吉良吉田間にも導入されることになり、5月にキハ20形（22〜25）の4両が増備された。キハ20形の21はすでに1987（昭和62）年8月に製造され使用されていた。車体も15mとやや大型となった。

八百津線を走るキハ30形。キハ10形を置き換えるために製造された30形。LEカーというよりも気動車に近づいた。LEカーは八百津線、三河線（山）猿投〜西中金、三河線（海）碧南〜吉良吉田へ投入されたが、それらは全て廃止された。◎2001年

第8章
会社による駅舎のスタイル

　駅舎（駅本屋）は、まず駅機能を果たすための拠点である。しかし、それ以外に多かれ少なかれ会社のシンボルであり、街の玄関口の性格を持っている。会社から見れば、その駅の重要度により、規模様式が必要であり、立地する街から見ればそのシンボル性が要求される。このように駅舎のスタイルは、様々な表情を見せる。

8-1 名電、名岐系の駅舎

　まず、東西直通以前に、名古屋のターミナルとしての役割を果たした押切町と柳橋を見てみよう。押切駅の配線図を見ると曲線区間にポイントがあり、市内線からの出入りも鉄道側への出入りもかなり制限がありそうだ。貨物線もあり、現在も存在する日本通運の営業所が昔の名残である。

　柳橋駅は市内線譲渡の後、都心ターミナルとして列車を発着させるため、焼き討ち事件、本社車庫火災事件以後の1922（大正11）年に柳橋駅、本社を改築した。交差点角に位置し、戦後もしばらくは東海銀行の支店として姿を留めていた。

　市内線を通じての都心乗り入れの計画は東京などの他都市でも多くの私鉄が計画し、京王電鉄や、東急玉川線のように都市内線（東京市電）に軌間を合わせた会社もあったが、直通運転が実現した例はない。名鉄の場合は歴史的経緯があったにしても珍しい例である。

　名電、名鉄の郊外線進出時の駅は、近年まで残っていた布袋駅舎のように木造平屋建で、車寄せ風の玄関付きの建屋で、犬山駅や岩倉駅など犬山線に多く見られた。これらの駅では統一したモチーフが感じられたが、逐次姿を消し、最後が現在高架化工事中の布袋駅である。玄関を支える部分に名電のマークが刻まれた部材が組み込まれていたのが特徴だった。古知野駅や扶桑駅も似たような作りだった。

　本線系の名電、名岐の昭和世代の駅は、新清洲駅、大里駅が戦災を免れ残っていたが、残っていた駅舎は多くはなかった。

8-2 愛電系への駅舎

　愛電系の駅舎は古い写真に見られる有松駅や新舞子駅が有名であるが、木造平屋建で妻側か玄関という構造が特徴であった。有松駅や常滑駅などは昭和50年代まで姿を留めていた。とくに常滑駅は終点駅だったが、貨物扱いが主体だったせいか、1981（昭和56）年に貨物輸送が廃止されるまでそのままだった。これに反し新舞子駅などは戦前から観光地として売り出された故か、早い時期に改築されたようだ。

　また沿線の寺社仏閣を意識した建物も鉄道駅には多く旧国鉄の長野駅や、奈良駅などが有名であったが、常滑線では太田川駅が2011（平成23）年に高架化されるまで残っていた。挙母線の岩津駅は三河鉄道になってからの駅舎だが、最寄りの岩津天満宮の社殿を思わせる造りだった。戦後岐阜市内線が延長する前の忠節駅も、

【吉田（現・豊橋）駅】
開業：1927（昭和2）年6月1日

【旧・東岡崎駅】1957（昭和32）年
開業：1923（大正12）年8月8日

【岡崎駅】1959（昭和34）年
開業：1923（大正12）年8月8日

【今村（現・新安城）駅】1959（昭和34）年
開業：1923（大正12）年6月1日

【堀田駅】1959（昭和34）年
開業：1928（昭和3）年4月15日

【神宮前駅】1955（昭和30）年
開業：1913（大正2）年8月31日

第8章　会社による駅舎のスタイル

谷汲山のお寺をイメージした造りであった。

本線の本宿駅は遠く離れた海岸の保養地、蒲郡のホテルをイメージした塔屋付の駅舎だったが、高架化により取り壊され、現在は模型が高架下にかざってある。昭和に入ってからの駅は今は亡き八百津駅、本揖斐駅、戦災を免れた本線の国府駅や新一宮駅、津島線の津島駅のように当時の流行建築と同様のコンクリートモルタルで外装した駅舎が多く見られた。

こうした流行は関東大震災後に建てられた東海道線の大磯駅、藤沢駅、鎌倉駅など湘南地区で見られた駅舎の姿でもあった。いずれも経年、戦災、高架化などで姿は一変してしまった。

8-3 三河鉄道、瀬戸電気鐵道の駅舎

三河鉄道の駅舎の特徴は木造であることで、その母屋の屋根や軒瓦に三河鉄道の社紋が入っていた。岡崎電軌時代に開設され、三河鉄道が改築したと思われる拳母線の岩津駅や、最後まで残った小垣江駅の鬼瓦が有名であった。三河鉄道は線路のレール（ロシア製が多かった）から車両（蒸気機関車から甲武鉄道の電車改造客車）まで中古品で賄ったが駅舎には自社の特徴を主張したのだろうか。

また、瀬戸電気鐵道の駅舎は尾張旭駅のようにホーム上屋と一体になった駅舎、改札口の一部を2階建とし、駅係員の宿泊所とする例があった。この中で特異な駅舎は小幡駅で、円形の建屋に円形に連なる玄関ポーチが特徴だった。これも1978（昭和53）年、跨線橋建設を機に新駅舎（現・駅舎の前）となり、また大津町駅は地下ではないが、お濠の中の駅として特異な存在だった。

【新名古屋（現・名鉄名古屋）駅】1952（昭和27）年
開業：1941（昭和16）年8月12日

【新名古屋（現・名鉄名古屋）駅】1941（昭和16）年

【新名古屋（現・名鉄名古屋）駅】1949（昭和24）年
開業：1941（昭和16）年8月12日

【栄生駅】1941（昭和16）年
開業：1941（昭和16）年8月12日

【東枇杷島駅】
開業：1941（昭和16）年8月12日

【須ケ口駅】昭和30年代
開業：1914（大正3）年1月23日

【新岐阜（現・名鉄岐阜）駅】1956（昭和31）年
開業：1914（大正3）年12月26日

【吉良吉田駅】1973（昭和48）年
開業：1928（昭和3）年8月25日

【蒲郡駅】1964（昭和39）年
開業：1936（昭和11）年11月10日

【松木島駅】1959(昭和34)年　開業：1926(大正15)年9月1日

8-4 その他・鉄筋コンクリートの駅舎

　沿線での名物駅舎は新名古屋駅は別として、豊橋駅は当初の豊川鉄道吉田駅からの共同使用駅で、他社の建物を間借りする駅である。前述のように線路も飯田線との合流点から豊橋の間は今も昔も共同使用である。写真で見る駅舎は三角屋根の洒落た姿だった。

　共同使用では、筆者の時代には苦い思いをしたことがある。国鉄末期のことであるが、国労による順法闘争から「スト権スト」にエスカレートする中、昼間帯に保守間合の確保を名目に、週に1日水曜日の午前、午後にダイヤ上の空白を2時間確保するように主張した。この提案を受け、名鉄で保守することまで主張したが、間借りをする辛さで、しぶしぶ呑んだ覚えがある。1984(昭和59)年3月の名鉄ダイヤでは午前1往復、午後2往復の列車が伊奈駅折り返しとなっている。今から思えば無茶な話で、組合が当時の置かれた立場、すでに運輸業界で「陸の王者」でなくなっていたことに気付かなかった悲劇の一幕であった。

　このことは他私鉄ではないことで、マスコミではあまり取り上げられなかったが、共同使用をする名鉄としては、一大事であった。水曜運休は国鉄民営化の直前、1988(昭和63)年3月12日まで続いた。

　なお、豊橋駅では名鉄列車は3番線で発着するが、かつて荷物専用列車が運転された時代には、豊橋駅の小荷物扱い所が1番線

【三河一色駅】
開業：1926(大正15)年9月1日

第8章　会社による駅舎のスタイル

【刈谷駅】1962（昭和37）年
開業：1914（大正3）年2月5日

【三河知立駅】1961（昭和36）年
開業：1915（大正4）年10月28日

【土橋駅】1981（昭和56）年
開業：1920（大正9）年7月5日

【豊田市駅】1961（昭和36）年
開業：1920（大正9）年11月1日

【豊田本町駅】1957（昭和32）年
開業：1957（昭和32）年2月20日

【新舞子駅】1961（昭和36）年
開業：1912（明治45）年2月18日

【東名古屋港駅】1959（昭和34）年
開業：1924（大正13）年1月15日

【河和駅】1975（昭和50）年
開業：1935（昭和10）年8月1日

【甚目寺駅】1975（昭和50）年
開業：1914（大正3）年1月23日

側にあったせいか、名鉄小荷物列車が1番線や2番線に発着することもあった。

知立駅は現在高架化工事中で、完成すれば三河線との乗り換え、直通運転なども様変わりの便利さが実現するだろう。名古屋本線が建設された時から知立駅は三河鉄道の知立駅に乗り入れる案であったが、1923（大正12）年4月、三河鉄道との協議がまとまらず、とりあえず1923（大正12）年4月に知立仮駅まで開通、翌年5月には三河線との立体交差が完成して6月1日に西岡崎（現・岡崎公園前）まで開通した。このときの知立駅は立体交差をしてすぐ、三河鉄道の知立駅と約100m離れた位置に設けられた。1928（昭和3）年6月1日には知立駅東に貨物連絡線が開通した。

合併後、構内連絡通路が設けられたが、ラッシュ時には混雑が激しかった。そこで1959（昭和34）年4月1日には名古屋本線の北西700mの本線上に駅を移して三河線も乗り入れた。このとき三河線の旧駅を三河知立、本線の旧駅を東知立とした。また、それまでは1928（昭和3）年6月1日に設けられた貨物連絡線（1984年4月1

日）を利用して朝のラッシュ時に、名古屋本線との直通運転も実施されたが、新・知立駅の新設により解消した。

堀田駅の本屋は地上にあり、昭和初期のスタイルでホームと連絡する地下道があった。さらに上り線側には貨物専用線があった。構内は広く、教習所や資材置き場もあったが、1969（昭和44）年に近接する名古屋市内の踏切対策として、いち早く高架下駅に生まれ変わった。

名古屋市内の神宮前駅は本社とともに戦災に見舞われ、戦後はバラックでひどい建物だったが、駅ビルの建設により、一変した。

金山橋駅も戦時の急造建物だったが、1989（平成元）年7月に金山総合駅として移転するまで持ちこたえた。

新名古屋駅も戦中の急造駅舎で、火災にも遭遇したが1954（昭和29）年12月に百貨店と同居する駅ビルとなった。その後、多くの改良、変遷を経て今日の姿となったが、現在JRのリニア新線の開通に向けて駅周辺の再開発を含めて検討が進められている。

戦前の鉄筋コンクリート造りの駅舎は多くはないが、先の柳橋

95

駅は別して、美濃電の新岐阜駅が有名である。郊外線と市内線の接点の駅として線路もつながり、2階には喫茶室もあった。戦後も焼け跡の中に残っていたが1948(昭和23)年4月、線路を延長して、駅が現在位置に移転し、各務原線のターミナルと一体化されると取り壊された。この後、新岐阜駅は、バラック駅舎から現在は2代目の駅ビルに変わっている。構内配線も大きく変化し、現在は2面4線8両ホームと、各務原線の地上にある島式ホーム6両2線となっている。

このほか瀬戸線の尾張瀬戸駅も鉄筋構造の駅だ。やはり2階には喫茶と食堂があったが、戦後のテナントのオーナーがメキシコ

【津島駅】1966(昭和41)年
開業：1898(明治31)年4月3日

【佐屋駅】1960(昭和35)年
開業：1898(明治31)年4月3日

【日比野駅】1972(昭和47)年
開業：1907(明治40)年12月29日

【奥町駅】1976(昭和51)年
開業：1914(大正3)年8月4日

【岩倉駅】1960(昭和35)年
開業：1912(大正元)年8月6日

【柏森駅】1959(昭和34)年
開業：1912(大正元)年8月6日

【犬山駅】　開業：1912(大正元)年8月6日

【犬山遊園駅】1962(昭和62)年
開業：1926(大正15)年5月2日

【新鵜沼駅】1964(昭和39)年
開業：1926(大正15)年10月1日

第8章 会社による駅舎のスタイル

帰りの北川民次画伯と親交があり、画伯の絵が壁に架かっていた時代がある。駅舎は現在、瀬戸蔵ミュージアムの2階に車両と共に一部保存されている。構内配線はかっては、貨車の入れ替え作業を行うため連動装置にも十分な安全策を取れなかったが、昇圧、栄町乗り入れ後は連動装置も万全となり、停泊車両の留置を考えた設備に一新された。

この他、今は亡き三河線の松木島駅はオーナーの神谷傳兵衛の地元駅で、駅名も当初は神谷駅で、鉄筋コンクリートで車寄せの付いた立派な駅舎で、駅長室の隣には絨毯の敷かれた応接室まであったという。しかし、1940(昭和20)年8月14日に三河地震で損傷を受けた。1961(昭和36)年には行き違い設備撤去、1972(昭和47)年には無人化。1978(昭和53)年には駅舎も取り壊された。さらに2004(平成16)年、碧南〜吉良吉田間廃止により駅自体が姿を消した。

岐北軽便の美濃北方駅舎も本社併設の洋館風の2階建てであり、バルコニー付きであった。

一方、黒野駅は谷汲鉄道の本社を併設した2階建てで、見かけは学校の校舎風だった。

高架化前の瀬戸線大曽根駅もかっては本社を併設した駅で立派な応接室があったという。

鉄筋コンクリート造りでないが、かっての西尾鉄道の岡崎ターミナル(岡崎新)と西尾ターミナルは立派な駅舎であった。岡崎新は国鉄岡崎駅の脇にあり、762㎜鉄道のものとは思えないもので、戦後は日通の営業所の建物になっていたが、近年の区画整理により撤去された。

西尾駅は762㎜時代の駅舎が1928(昭和3)年10月の改軌・電化により碧海電鉄線に吸収され、ルート変更により新・西尾駅舎が竣工した。これも堂々たる駅舎であり、高架化まで使用された。新築まもない762㎜線時代の新駅舎は現在地の西側市街地にあった。その駅舎は西尾警察署として再利用された。

【今渡(現・日本ライン今渡)駅】
開業：1925(大正14)年4月24日

【上飯田駅】1965(昭和40)年
開業：1931(昭和6)年2月11日

【羽黒駅】1959(昭和34)年
開業：1931(昭和6)年4月29日

【明治村口(現・羽黒)駅】1970(昭和45)年
開業：1931(昭和6)年4月29日

【田神駅】1959(昭和34)年
開業：1926(大正15)年1月21日

【新那加駅】1959(昭和34)年
開業：1926(大正15)年1月21日

【堀川駅】1955(昭和30)年
開業：1911(明治44)年10月1日

【旭新居(現・尾張旭)駅】1965(昭和40)年
開業：1905(明治38)年4月2日

【西尾駅】1960(昭和35)年
開業：1911(明治44)年10月30日

Column

架線柱の違い

レール、枕木、バラスで構成される線路は通過列車のスピードアップ、通トンの増大に従い、37kgレール、50kg、50Nレール、現在では60Nレールへと進化し、コンクリート枕木、道床厚の増加などと強化された。電気鉄道では、それと一体である架線構造（電車線路）も木柱、古レールの利用から鉄柱、コンクリート柱などへと、年々変化してきた。現在ではコンクリート柱や、ＪＲ東日本で始められたと思われる、鋼管柱を組み合わせたものに変わりつつあるが、歴史的には建設目的、建設当時の会社の事情など名鉄においてもその変化を見ることができる。

名古屋本線を例にみると、新岐阜〜笠松〜新一宮間は木曽川架橋の完成により、名岐鉄道が名古屋直通を目指して、完成させた区間である。新岐阜〜笠松間は美濃電の単線から改良した区間であるが、新一宮までの新設区間同様、架線柱は四角に組んだ鋼材に斜材を組み合わせた構造におなじ構造の横桁を組み合わせた頑丈な作りである。駅改良や、高架化などにより、コン柱化されたりして、当時のものは姿を消しつつあるが、現在でも名鉄岐阜を出て、旧広江駅付近から名鉄一宮の高架化区間に入るまでと、笠松駅構内には多くを見ることが出来る。名岐鉄道にとってこの区間の建設は、長年の懸案事項の実現であり、力が入っていたシンボルであったのだろう。

新一宮〜国府宮間は尾西鉄道の建設であるが、大半が高架化対象区間であり、当時の姿は残っていない。しかし、尾西鉄道の電化は1922（大正11）年7月から11月に実施され、新一宮〜国府宮間の単線開通が1924（大正13）年2月の開通であり、架線構造もそれに準じたものだったのだろう。その後1928（昭和3）年2月3日、名古屋鉄道（初代）が国府宮以南を複線開通、旧尾西鉄道区間も複線化しており、現在も大里、新清洲付近に残る架線構造に新・改築されたのかも知れない。この架線柱は新一宮までの架線柱に比べると、細くなり、電車線強化にどこまで耐えられるのだろうか、いずれ改築も近いのではなかろうか。

須ヶ口から枇杷島まではルート変更や、駅改良もあったが、名古屋電気鉄道時代のものが二ツ杁駅には残っている。この区間は津島線と同時開業であり、今も津島線や犬山線に一部残るものと同じものだったのだろうか。

新名古屋に向かう新設区間は戦前の名鉄の最大の事業であり、架線柱、ビームも新岐阜〜新一宮間並みの立派のもので、栄生駅構内の架線設備は、現在では、伊奈、国府構内がコンクリート柱に建て替えられて見られないが、笠松構内とともに、かつての電鉄設備を思い出させるものである。

この先神宮前までは紹介するまでもないが、神宮前から先、愛電の建設区間は大きく分けると三つに分けられる。有松までの一期建設区間は三角に組んだ縦材を斜材で組み合わせた構造であり、桜、本星崎駅周辺に残っている。その先、岡崎まではコの字型鉄材を向かい合わせに組みその間を斜材でつなぐ構造である。東岡崎から先豊橋までは再び四角柱となるが、上部が細くなっている。その点岐阜方面の四角柱よりは貧弱に見える。この架線柱は共用区間でも見られ豊橋駅構内近くまで続く。先にも触れた、国府、伊奈の広大な構内をカバーする四角の架線柱と横桁は現在ではコンクリート柱に取って代わられている。

このように、本線の架線構造を見ても、その時代背景、建設時の目的、会社の経済事情等により異なる構造物が生まれたのである。

架線柱の変わり種

築港支線の大江駅出口から東名古屋駅までは、関東や関西の私鉄に見られる電力会社の送電線と一体化（？）した、鉄道線を跨いで高くそびえる鉄柱があったが、近年上部を撤去されたようで、単線区間には不釣り合いな大きな根元部分だけが残っている。これは犬山線の下小田井付近にも5〜6本同じような架線柱が見られたが、周辺に跨線橋が数本架設されたためか姿を消した。関西では高架の名神高速道路を跨ぐため高く改築された高圧鉄塔も見られるが、名古屋では代替え地を見つけるのが容易だったのだろうか、名鉄で

は見られなくなった。

今一つは各務原線の名鉄岐阜3号踏切付近にある、3本の四角のコンクリート柱である。よく見ないと解らないが1948（昭和23）年本線の新岐阜駅と長住町駅を統合する際の工事の際に建てられたのではと思うが不思議なコン柱である。

第9章
名古屋鉄道の廃止路線

　残念ながら、名鉄にも廃止された路線がある。それぞれの事情があるにせよ、基本的には利用者の減少による経営悪化が原因であり、地元から存在価値が認められなくなったということであろう。このことはかっての国鉄ローカル線しかり、第三セクター化され、現在も苦闘する鉄道も同じである。

撮影：荻原二郎

9-1 挙母線

　岡崎市内線の終点、岡崎井田駅を起点として大樹寺駅を経由し、名鉄三河線の上挙母駅までを結んでいた路線。岡崎井田〜大樹寺間の0.5km区間は、岡崎市内線の車両で運転していた。また、三河岩脇駅と上市場(後の細川)駅の間で、岡崎市と現在の豊田市の境界に当たる矢作川を渡っていた。大樹寺〜上挙母間は11.5kmで全区間が単線だった。岡崎電気軌道が1924(大正13)年12月27日に開業した岡崎井田〜門立間の路線が前身母体である。1927(昭和2)年に三河鉄道が岡崎電気軌道を吸収合併し、三河鉄道の手により途中駅の三河岩脇駅から上挙母駅までの区間が1929年12月18日に開業して、全路線がかたちづくられた。同時に大樹寺〜上挙母間が岡崎線となった。

　1941年6月1日に名古屋鉄道が三河鉄道を吸収合併。1948年5月16日に挙母線と改称した。1962年6月17日に岡崎方の接続路線だった岡崎市内線の廃止と同時に岡崎井田〜大樹寺間が廃止。残る区間も路線の寸断による利用客の減少や、旧国鉄岡多線(現・愛知環状鉄道)建設に伴う一部鉄道用地の譲渡等から1973年3月4日に廃止された。翌日から運転された代替バスも2002年に運行を終了している。

国土地理院1/25,000地形図「岡崎」
(昭和34年修正測量)

上挙母	0.0km	1929.12.18	八ツ木	7.3km	1924.12.27
トヨタ自動車前	1.9km	1938.12.27 (三河豊田)	岩津	8.7km	1924.12.27
鴛鴨	3.3km	1929.12.18	百々	10.1km	1924.12.27
渡刈	4.8km	1929.12.18	大樹寺	11.0km	1924.12.27
細川	5.6km	1929.12.18	岡崎井田	11.5km	1924.12.27
三河岩崎	6.4km	1929.12.18			

9-2 三河鉄道門立支線

　三河鉄道が名古屋鉄道との合併以前に、三河岩脇〜門立間を結んでいた1.5kmの盲腸線。三河岩脇駅から0.8kmの場所に唯一の途中駅細川があった。岡崎電気鉄道が開業した岡崎井田〜門立間の路線が前身母体である。岡崎電気軌道を吸収合併した三河鉄道は、三河岩脇〜上挙母間を開業した。その際、架線電圧1500Vで開業した新線区間に合わせて昇圧した大樹寺〜三河岩脇間に対して、三河岩脇〜門立間は600Vのまま残された。大樹寺〜三河岩脇〜上挙母間は岡崎線となり、600V区間は岡崎線から分かれる枝線として門立支線になった。

　現岡崎市北部の丘陵地にあった短路線は、矢作川へ流れる巴川の畔で轍を止める。川を渡って北上すれば足助街道沿いの延伸ルートが見込まれたものの、客足が伸びないまま1938年5月1日に営業を休止。翌年10月3日に廃止された。

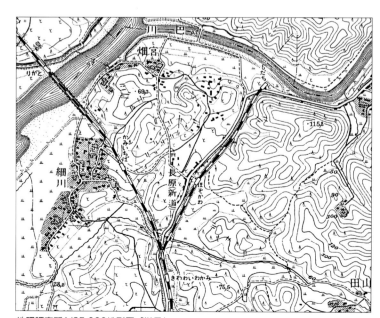
地理調査所1/25,000地形図「挙母」
(大正9年修正測量、昭和34年資料修正)

| 八ツ木 | −0.9km | 1924.12.27 (起点変更) | 細川 | 0.8km | 1924.12.27 |
| 三河岩脇 | 0.0km | 1929.12.18 | 門立 | 1.5km | 1924.12.27 |

9-3 岡崎市内線

岡崎駅前駅と岡崎井田駅を結んでいた5.8kmの路面軌道線。岡崎の市街地南方に設置された旧国鉄東海道本線の岡崎駅と街を連絡する馬車鉄道として、「岡崎馬車鉄道」が1898（明治31）年12月28日に岡崎駅前停車場（後の岡崎駅前）〜明大寺停車場間を開業した。当初は軌間762mmの単線路線だった。「岡崎馬車鉄道」は1911年に社名を「岡崎電気軌道」と改称し、1912（大正元）年9月1日より1067mmに改軌した路線で電車の運行を始めた。1923年9月8日に康生町〜岡崎井田間の延伸開業で全通した。

岡崎駅前の県道沿いに北上する軌道は、市街地の西部を縦断して殿橋で乙川を渡り、岡崎市井田町付近で拳母線と接続していた。しかし、岡崎井田〜大樹寺間は軌道用の電車で運行していたので、実質的な両路線の連絡駅は大樹寺だった。また、昭和初期には、拳母線からガソリンカーによる直通運転も行われた。1950年代に入ると自動車の台頭で路面軌道は交通障害の一つとされ、1962年6月17日に全区間が廃止された。

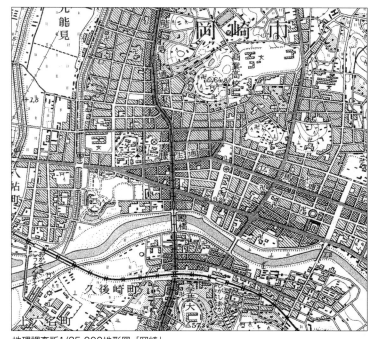

地理調査所1/25,000地形図「岡崎」
（昭和2年修正測量、昭和33年資料修正）

大樹寺	0.0km	1924.12.27	東岡崎駅前	3.3km	1898.12.28
岡崎井田	0.5km	1923.9.8	大学下	3.7km	1927以降
伊賀町	1.1km	1923.9.8	芦池橋	4.0km	1898.12.28
八幡社	1.4km	1923.9.8	新田橋	4.3km	1923頃
神明社	1.7km	1923.9.8	車庫前	4.6km	1898.12.28
能見町	2.0km	1923.9.8	戸崎町	5.1km	1898.12.28
本町	2.3km	1923.9.8	戸崎口	5.4km	1923頃
康生町	2.6km	1923.9.8	地蔵堂	5.7km	1898.12.18
岡崎殿橋	2.9km	1898.12.28	北羽根	5.9km	1921頃
岡崎殿橋（貨）	＊＊km	1927以降	岡崎駅前	6.3km	1898.12.28

9-4 福岡線

東海道本線の岡崎駅付近にあった岡崎市内線の岡崎駅前駅と、東海道本線の西側に当たる福岡町駅を結んでいた2.5kmの路線。1951（昭和26）年12月1日、太平洋戦争中に不要不急路線として営業を休止していた旧西尾線の一部区間を復活させるかたちで開業した。そのため、車両の運行は岡崎市内線の路面軌道用電車が直通していたにも関わらず、路線は地方鉄道法に則った鉄道線という扱いだった。

岡崎駅前駅から東海道本線と並行して南方へ進む線路は東若松駅を過ぎて国鉄線を潜り、西進し西若松駅を経て終点の福岡町駅に至っていた。岡崎市内線と運命をともにして1962年6月17日に廃止。残された鉄道敷地跡は転換バスの専用道路となった。しかし、その専用道も都市基盤整備事業を推進する名目で、2016(平成28)年3月31日を以って廃止された。

岡崎駅前	0.0km	1951.12.1
柱町	0.5km	1951.12.1
東若松	1.0km	1951.12.1
西若松	1.6km	1951.12.1
福岡町	2.5km	1951.12.1

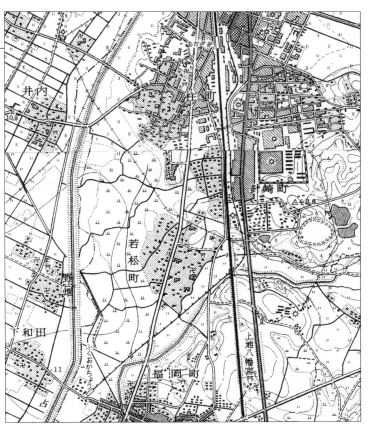

国土地理院発行1/25,000地形図「幸田」
（昭和34年修正測量、昭和35年資料修正）

9-5 平坂支線

　西尾線西尾駅から分岐して、西尾市平坂町内の港前駅までを結んでいた4.5kmの路線。西尾鉄道が1914（大正3）年10月30日に西尾〜平坂臨港間を平坂線として開業した。当初は軌間762mmの単線路線だった。1916（大正5）年に平坂臨港駅を港前駅と統合のうえ廃止した。

　1926（大正15）年12月1日に愛知電気鉄道が西尾鉄道を合併し、路線名を西尾線とした。1928（昭和3）10月1日、1067mmに改軌し、同時に電化路線となった。1935（昭和10）年8月1日に愛知電気鉄道と名岐鉄道が合併して名古屋鉄道が発足すると路線名を平坂線とした。1948（昭和23）年5月16日には平坂支線と改称した。

　知多湾と繋がる平坂入江の北端部に終点駅が置かれた路線は、西尾市内西部を横断する地域の足だった。しかし、架線電圧600Vで運行されてきた路線は、隣接する西尾線が1500Vに昇圧されるのを機に、施設の老朽化等を理由に運行を取りやめることとなり、1960（昭和35）年3月27日に廃止された。

西尾	0.0km	1914.10.30	平坂口	3.9km	1914.10.30（平坂）
住崎	1.8km	1929.2.7	港前	4.5km	1914.10.30（港前→平坂）
羽塚	2.9km	1914.10.30	平坂臨港	4.7km	1914.10.30

地理調査所発行1/25,000地形図「西尾」
（昭和34年修正測量）

9-6 安城支線

　西尾線南安城駅と国鉄東海道本線の安城駅を結んでいた西尾線の支線。路線長は僅か1.1kmだった。碧海電気鉄道が1939（昭和14）年12月15日に南安城〜新安城間を開業した貨物線が始まり。名古屋鉄道が碧海電気鉄道を合併した際に安城支線となった。

　1950（昭和25）年に第5回国民体育大会が愛知県で実施された際、10月28日から11月1日までの間に限って観客を輸送するための旅客営業を行った。そして翌年3月21日から旅客営業を開始。同時に新安城駅を国鉄駅と同じ安城駅に改称した。南安城駅から西尾線と並走して北上し、東海道本線との立体交差手前でほぼ直角に左へ曲がり、東海道本線の南側に沿って安城駅へ向かう経路を取った。その線形は単独の路線というよりも、両本線の連絡線という性格をよく表していた。1960（昭和35）年3月27日に西尾線とともに架線電圧を600Vから1500Vに昇圧したが、翌年7月30日に廃止された。

南安城	0.0km	1939.12.25
安城	3.0km	1939.12.25（新安城（貨））

国土地理院発行
1/25,000地形図「安城」
（昭和34年修正測量、
昭和35年資料修正）

9-7 清洲線

現在の名古屋本線丸の内駅と清洲町駅を結んでいた1kmの盲腸線。名古屋電気鉄道が1914(大正3)年9月22日に清州線として開業した須ヶ口〜清洲町間の一部である。1921年に名古屋電気鉄道は名古屋鉄道に同路線を譲渡。1928(昭和3)年4月10日に丸の内〜西清洲間が開業すると、須ヶ口〜丸の内間は名岐線(現・名古屋本線)へ編入され、残された1区間が支線扱いとなった。

清州町(現・清須市)内にあった東海道本線の旧清洲駅が、1906(明治39)年に現在の枇杷島駅へ移転して町内に官営鉄道駅が不在だった当時、街中の近くまで引き込まれた鉄道は町民にとって心強い存在だった。しかし、1934年2月24日に東海道本線上に清州駅が設置されると、清州町と改称した終点駅は街の玄関口としての機能を希薄にし、太平洋戦争下で不用不急路線に指定されて営業を休止。復活の日を迎えることなく1948年8月3日に廃止された。

丸ノ内	0.0km	1914.9.22 (丸之内)
試験場前	0.5km	1914.9.22 (農事試験場前)
清州町	1.0km	1914.9.22 (清州)

帝国陸軍陸地測量部発行1/25,000地形図「清洲」
(昭和13年修正測量)

9-8 起線

名古屋本線と尾西線が通る新一宮(現・名鉄一宮)駅と木曽川の東岸に開けた中島郡起町(現・一宮市)内にあった起駅を結んだ5.6kmの路面軌道線。一宮と起を結ぶ鉄道を建設する目的で設立された蘇東電気軌道を、名古屋鉄道が鉄路の開業前に合併し、1924(大正13)年2月1日に起停留場〜一宮(後の八幡町)停留場間5.3kmを蘇東線として開業した。1930(昭和5)年12月20日には、尾西線と一部区間を共用して新一宮駅へ乗り入れを始めた。

しかし、1952年12月24日に尾西線の架線電圧が1500Vに昇圧され、600Vのままで運行されていた起線の電車は新一宮駅まで乗り入れることができなくなった。1953年6月1日、試験的に起線の運行を休止して新一宮〜起間に代行バスを運行したところ好評を博したため、翌年6月1日をもって起線は廃止された。複線化が検討されるほどに利用客の増加を見込まれた路線だったが、運行形態に融通の利く路線バスに道を譲る結果となった。

新一宮	0.0km	1930.12.20
八幡町	0.3km	1924.2.1 (一ノ宮→一宮町→一ノ宮)
一宮病院前	1.3km	1929頃 (東洋紡績前)
馬引	2.0km	1924.2.1
篭屋	2.7km	1924.2.1
尾張三条	3.2km	1924.2.1
西三条	3.7km	1924.2.1
新三条	3.9km	1929.6.27
尾張中島	4.6km	1924.2.1 (中島)
西中島	5.1km	1924.2.1 (工業学校前)
起	5.6km	1924.2.1

地理調査所発行1/25,000地形図「一宮」
(昭和22年修正測量)

9-9 岩倉支線

　小牧市、岩倉市付近で南北方向に並行する小牧線と犬山線の間を東西方向に結ぶ、小牧～犬山間5.5kmの路線だった。1920（大正9）年9月23日に名古屋電気鉄道が小牧線として開業した。翌年7月1日に路線は名古屋鉄道へ譲渡される。小牧から犬山線を経由して名古屋方面へ向かう鉄道として建設されたが、1931（昭和6）年に名岐鉄道が城北線（後の大曽根線、現・小牧線）を上飯田～新小牧駅間で開業すると、名古屋との間を行き来する客足は新線に流れた。1945年5月1日に従来の小牧駅を廃止して大曽根線新小牧駅への乗り入れを開始。同時に新小牧駅が小牧駅となった。そして1948年5月16日に岩倉支線と改称し、小牧線の名を大曽根線に譲った。

　その後、架線電圧を600Vから1500Vに昇圧したものの、小牧市内で国道41号線バイパスを建設する計画がもち上がると、線路との立体交差化等で高架区間を新設しなければならなくなり、1964年4月25日に全区間が廃止された。廃止区間には今日まで名鉄バスが代替バスを運行している。

岩倉	0.0km	1920.9.23	西小牧	4.7km	1946.11.5
中市場	0.3km	1920.9.23	小牧	5.1km	1920.9.23
小木	2.3km	1920.9.23	小牧	5.5km	1945.5.1
小針	3.5km	1920.9.23			

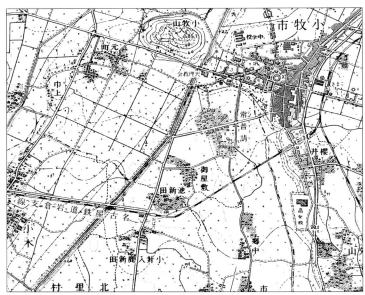
地理調査所発行1/25,000地形図「小牧」
（昭和22年修正測量）

9-10 一宮線

　犬山線で拠点駅の一つとなる岩倉駅と、一宮市内の東一宮駅を結んでいた7.1kmの路線。名古屋電気鉄道が1910（明治43）年5月6日に押切町～枇杷島間を開業した。同社が建設した鉄道路線の中でも初期に開業した路線である。以降、枇杷島～枇杷島橋（現・枇杷島分岐点）～岩倉～西印田間が延伸開業し、1913（大正2）年1月25日に西印田～東一宮間が開業した。1921年には路線が名古屋鉄道に譲渡された。名岐線（現・名古屋本線）の開通以前、一宮から鉄道で名古屋へ向かうには、岩倉へ出て犬山線に乗車する経路が一般的だった。しかし名古屋～岐阜間の名鉄路線は大正時代から建設が進められ、他路線を統合しながら徐々に全容をかたちづくっていった。1935（昭和10）年に押切町～新岐阜（現・名鉄岐阜）間の経路が完成すると、名岐間輸送の主流は完全に名岐線へ移った。

　一宮線は1941年8月12日に押切町～枇杷島橋間が廃止され、枇杷島橋～新鵜沼間が犬山線、岩倉～東一宮駅間が一宮線となった。1948年5月12日には架線電圧を600Vから1500Vに昇圧。しかし、1960年代に入って一宮市内を通る国道22号線名岐バイパスの建設計画がもち上がると、立体交差化工事に多額の費用をかけることとなり、鉄道はバス輸送に転換されて1965年4月25日に廃止された。

岩倉	0.0km	1912.8.6	印田	6.0km	1912.8.6
元小山	2.3km	1912.8.6 (小山)	西印田	6.4km	1912.8.6
羽根	3.4km	1912.8.6	花岡町	6.4km	1930.1.25
浅野	4.5km	1912.8.6	東一宮	7.0km	1913.1.25

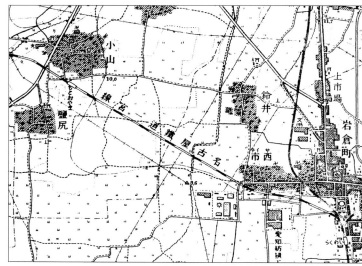
地理調査所発行1/25,000地形図「一宮」
（昭和22年修正測量）

9-11 八百津線

広見線明智駅と岐阜県賀茂郡八百津町内の八百津駅を結んでいた7.3kmの路線。東濃鉄道より広見線の前身となる御嵩〜広見間の路線を譲り受けていた東美鉄道が、1930（昭和5）年4月30日に伏見口（現・明智）〜兼山間。同年10月1日に兼山〜八百津間を開業した。名古屋鉄道が東美鉄道を合併すると、新広見（現・新可児）〜御嵩（現・御嵩口）間とともに東美線となった。さらに八百津線と改称したのは新広見〜御嵩間が広見線に編入された1948年5月16日だった。明智駅から北に大きくカーブした線路は御嵩町東部の田園地帯を縦断する。木曽川の東岸を小さな丘陵越えやトンネルを抜けて東へ進み、八百津町内で2本の県道が交わる伊岐津志区に置かれた八百津駅へ続いていた。

一時は八百津町内にある蘇水公園を訪れる観光客の便宜を図り、名古屋方面への直通特急等が運転されていた。しかし、広見線の支線という位置づけで閑散路線になっていた八百津線では、合理化策として1984年から架線等の集電施設等を取り払い、列車を富士重工製のレールバスで運転した。しかし苦肉の施策も功を奏さず、2001（平成13）年10月1日に全区間を廃止。東農鉄道が運行するバスに転換された。

明智	0.0km	1930.4.30（伏見口）	兼山	3.6km	1930.4.30
東伏見	0.8km	1930.4.30	中野	5.4km	1930.10.1
兼山口	2.3km	1930.4.30	伊岐津志	6.2km	1930.10.1
城門	3.0km	1930.4.30	八百津	7.3km	1930.10.1

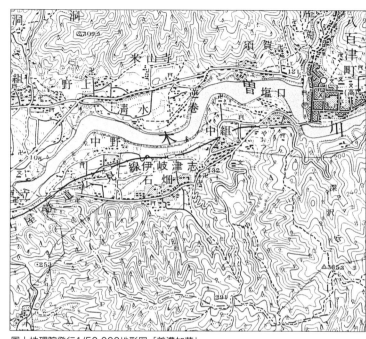

国土地理院発行1/50,000地形図「美濃加茂」
（昭和32年修正測量）

9-12 勝川線

小牧線味鋺駅と愛知県春日井郡勝川町（現・春日井市）内の新勝川駅とを結んでいた2.1kmの路線。中央電気軌道が名古屋と岐阜県多治見市を結ぶ鉄道として計画した路線の一部に当たり、建設のために取得された免許は城北電気鉄道、名岐鉄道へ引き継がれて、1931（昭和6）年2月11日に上飯田〜新小牧（現・小牧）間、味鋺〜新勝川間を開業。当時は二つの路線を城北線と称した。同年4月29日に新小牧〜犬山間が開業すると、上飯田〜犬山間を大曽根線（現・小牧線）、味鋺〜新勝川間を勝川線と改称した。

味鋺駅から東へ延びる線路は八田川、地蔵川を渡り、現在の国道19号線、302号線の交差点付近に唯一の途中駅勝川口があった。そこから線路は大和通りと呼ばれる国道19号線に沿って北へ進み、大和通り2丁目交差点付近が終点新勝川駅だった。大曽根線の盲腸線という位置づけで客足が伸びず、開業から6年後の1937年2月1日に廃止された。

味鋺	0.0km	1931.2.11
勝川口	1.1km	1931.2.11
新勝川	2.1km	1931.2.11

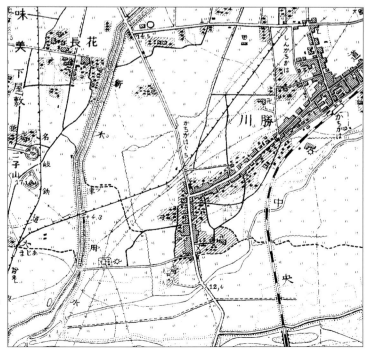

帝国陸軍陸地測量部発行
1/25,000地形図「名古屋北部」
（昭和7年修正測量）

9-13 美濃町線

　市内線の徹明町駅と関市内の関駅、美濃市内の美濃駅を結んでいた路面軌道路線。美濃電気軌道が1911(明治44)年2月11日に神田町(後の岐阜柳瀬)～上有知(後の美濃町)間を開業した。名古屋鉄道が美濃電気軌道を合併した折に美濃町線となった。岐阜市の繁華街に通じる国道248号線に沿う経路は併用軌道が続いていたが、洞山の麓を走る北一色以東は専用軌道区間が多かった。上芥見駅付近では細長い形状の橋脚を持つ橋で津保川を渡り、国道から離れた小路の傍らで土埃を上げながら進む路面軌道用電車の姿が見られた。関駅からは旧国鉄越美南線(現・長良川鉄道越美南線)と並行して終点美濃駅へ向かった。

　岐阜市から関市へは、美濃加茂市へ大きく迂回する高山本線、越美南線を経由する国鉄路線よりも、両市を直線的に結ぶ美濃町線が時間、運賃とも優位にあったが、並行する国道に運行されていた路線バスの方が、短い所要時間で運転していた。そのため、末端部で利用客が減少傾向にあった新関～美濃間が1999(平成11)年4月1日に廃止された。同時に長良川鉄道へ乗り継ぐ便を確保する措置として、新関～関駅300mが開業した。田神線の開業や交換可能な駅を増やしての増発等、利便性向上に努めてきた路線だったが利用客の増加は見込めず、2005年4月1日に全区間が廃止された。

徹明町	0.0km	1950.4.1	小屋名	14.4km	1911.2.11
金園町四丁目	0.5km	1950.9.10	赤土坂	15.7km	1911.2.11
梅林	0.9km	1911.2.11	新田	16.7km	1911.2.11
金園町九丁目	1.4km	1911.2.11	新関	18.5km	1911.2.11
競輪場前	1.9km	1950.4.1	関	18.8km	1999.4.1
岩戸前	2.2km	1911.2.11	下有知	20.7km	1911.2.11
北一色	2.9km	1911.2.11	神光寺	21.8km	1911.2.11
野一色	4.1km	1911.2.11	松森	23.2km	1911.2.11
琴塚	4.8km	1911.2.11	美濃町駅前	24.5km	1923頃
日野橋	5.9km	1911.2.11	美濃	24.9km	1911.2.11
岩田坂	7.0km	1957.8.11	神田町～梅林(ルート変更)		
岩田	8.2km	1911.2.11	岐阜柳ヶ瀬	0.0km	1911.2.11
下芥見	9.4km	1911.2.11	美園町	0.2km	1912以前
上芥見	10.9km	1911.2.11	殿町	0.4km	＊＊
白金	12.7km	1911.2.11	梅林	0.8km	1911.2.11

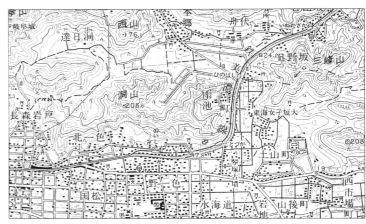
国土地理院1/50,000地形図「岐阜」
(昭和46年修正測量)

9-14 田神線

　美濃町線で運行していた路面軌道用の電車を、田神駅から各務ヶ原線を経由して新岐阜駅まで乗り入れる目的で建設された路線。美濃町線競輪場前駅と田神駅を1.4kmで結んでいた。競輪場前駅から岐阜市市ノ坪町内にあった岐阜工場(後の岐阜検車区)への引き込み線を利用して建設され、1970(昭和45)年6月25日に開業した。

　美濃町線、田神線の架線電圧が600Vであったのに対して、各務ヶ原線は本線系の路線と同じ1500Vだった。そのために各務ヶ原線に乗り入れる車両には、2種類の電圧に対応して運転できる複電圧車が用いられた。また、岐阜工場へ検査等で出入場する600V車は、旅客線開業後も同じ線路上を通った。関方面からの名鉄利用者に対して名岐線への乗り換え、岐阜市の中心部へ向かう利便性等を高めるべく、昭和40年代になって誕生した路線だったが、美濃町線とともに2005(平成17)年4月1日に廃止された。

田神	0.0km	1970.6.25
市ノ坪	0.5km	1970.6.25
競輪場前	1.0km	1970.6.25

9-15 岐阜市内線

岐阜市内で岐阜駅前〜忠節間、徹明町〜長良北町間を結んでいた併用軌道路線。最盛期には7.6kmの総延長距離があった。美濃電気軌道が1911（明治44）年2月11日の駅前〜今小町間開業を手始めに1915（大正4）年に長良北町、1925年に忠節橋までの路線を建設して体制を整えた。名古屋鉄道が美濃電気鉄道を合併するとともに、岐阜市内2系統の路線は岐阜市内線となった。

1953（昭和28）年7月1日に忠節橋〜忠節間が延伸開業し、揖斐線との接続が図られた。路線の起点であり、旧国鉄岐阜駅の近辺にあった駅前、岐阜駅前の停留場は幾度か場所を変えているが、長良橋通り沿いに繁華街を進むと、神田町5交差点で長良北町と忠節方面に行く路線が分かれた。交差点を直進する路線は国道256号線長良橋通りに沿って進み、長良川を渡って終点長良北町に着く。一方、交差点から西に向かう路線は千手堂交差点を右折し、忠節橋通りを北上して上部トラス構造の忠節橋で長良川を渡り、揖斐線と接続する忠節まで続いていた。

高富線、揖斐線へ直通する電車も運転され、市民の身近な足として親しまれてきたが、日常的に混雑する道路事情の中で運行される路面電車へ自動車利用者等からの風当たりは厳しく、1988（昭和63）年6月1日に徹明町〜長良北町間を廃止。残る岐阜駅前〜忠節間も2005（平成17）年4月1日に廃止された。廃止後にいくつかの会社が出資して路面電車を復活させる動きがあった。しかし、名鉄、沿線自治体等の協力を得られず、計画は立ち消えとなった。

岐阜駅前	0.0km	1911.2.11		徹明町〜長良北町		
新岐阜	0.1km	1914.12.26		徹明町	0.0km	1911.2.11
新岐阜駅前	0.3km	1911.2.11		岐阜柳ヶ瀬	0.3km	1911.2.11
金宝町	0.7km	1911.2.11		市役所前	0.6km	1911.2.11
徹明町	0.9km	1911.2.11		朝日町	＊＊	1911.2.11
金町	1.2km	1925.6.1		今小町	0.9km	1911.2.11
千手堂	1.6km	1924.4.21		大学病院前	1.0km	1911.10.7
本郷町	1.9km			伊奈波通	1.5km	1911.10.7
菅原町	＊＊	1925.12.11		矢島町	1.7km	1911.10.7
西野町	2.4km	1925.12.11		本町	1.9km	1911.10.7
忠節橋[1]	2.9km	1925.2.11		材木町	2.3km	1948頃
忠節橋[3]	3.1km	1955.9.18		公園前	2.6km	1912.8.28
早田	3.2km	1948.8.1		長良橋	3.1km	1912.8.28
忠節	23.7km	1953.7.1		鵜飼屋	3.5km	1915.11.20
				長良北町	3.9km	1915.11.20

新岐阜（現・名鉄岐阜）駅前を走る岐阜市内線の電車。

地理調査所発行1/25,000地形図「岐阜北部」「岐阜南部」
（昭和22年修正測図、昭和32年資料修正）

9-16 鏡島線

　岐阜市内線の千手堂駅と稲葉郡鏡島村（現・岐阜市鏡島西）内の西鏡島駅を結んでいた4.4kmの路線。1924（大正13）年4月21日に美濃電気鉄道が千手堂～鏡島間を開業した。翌年6月1日に市内線の徹明町～千手堂間が開業して他路線と接続。名古屋鉄道が美濃電気鉄道を合併し、社名を名岐鉄道と変えた時に鏡島線となった。太平洋戦争下では不要不急路線に指定され、1944（昭和19）年12月11日に森屋～鏡島間で営業を休止する。しかし、1953年8月16日に森屋～弘法口間、翌年9月10日に工房口～鏡島間で運行を再開。同時に鏡島～合渡橋（後の西鏡島）間を延伸開業した。

　起点の千手堂からは岐阜市内の西部を横断する県道上に線路を敷いた併用軌道区間が続き、森屋駅以西に専用軌道区間があった。法規上は鉄道線の扱いだったが、路面軌道用の車両で運行され、市内線への直通運転も行われていた。一時は大垣方面への延伸や、近鉄養老線（現・養老鉄道）との相互乗り入れ案も浮上したが実現には至らず、1964年10月4日に全区間を廃止してバスに転換された。

千手堂	0.0km	1924.4.21	弘法口	3.1km	1924.4.21
鍵屋	0.7km	1924.4.21	川原畑	3.5km	1926.11.1
本荘	1.1km	1924.4.21	鏡島	3.4km	1924.4.21
市民病院前	1.6km	1941.10.21	港	＊＊	1954.9.10
森屋	2.0km	1924.4.21	西鏡島	4.4km	1954.9.10
東鏡島	2.8km	1924.4.21			

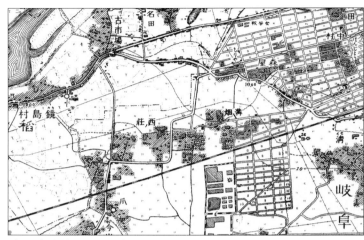

地理調査所発行1/25,000地形図「墨俣」
（昭和22年修正測量、昭和29年資料修正）

9-17 揖斐線

　岐阜市内西部の忠節駅と揖斐郡揖斐川町内にあった本揖斐駅を結ぶ18.3kmの路線。岐北軽便鉄道が1914（大正3）年3月29日に忠節～北方（後の美濃北方）間を開業した。1921年に美濃電気鉄道が岐北軽便鉄道を合併して、同路線を北方線とした。1926年4月6日に北方～黒野間、1928（昭和3）年12月20日に黒野～本揖斐間が延伸開業。名古屋鉄道が美濃電気軌道を合併した年に揖斐線と改称した。昭和末期には起点駅の忠節から根尾川岸の政田駅付近まで、沿線は住宅が建ち並ぶ岐阜の街中という雰囲気だった。それでも尻毛～又丸間の伊自良川に架かる橋梁は、か細いトラスの橋脚が地方鉄道の風情を色濃く残していた。美濃北方駅は北方町の中心部にあり、町内の西方で旧国鉄樽見線（現・樽見鉄道）を跨ぐ。根尾川を渡り、線路が左右に大きく曲がると谷汲線が分岐する黒野駅。前方に城ケ峰の稜線が見え始め、車窓が若干山里の風情になると終点本揖斐駅に到着する。駅の南側を流れる揖斐川の対岸に近鉄揖斐線（現・養老鉄道揖斐線）の揖斐駅がある。忠節駅で市内線の線路と繋がってからは、岐阜駅前まで直通する列車が多く運転されていた。

　しかし、沿線が岐阜市の近郊都市として発展したために、昭和40年代に入って自家用車が台頭すると利用客は減少し、末端部の黒野～本揖斐間は2001（平成13）年10月1日に廃止。忠節～黒野間も市内線等の600V路線と同じく2005年4月1日に廃止された。

忠節	0.0km	1914.3.29	八ツ又（八又）	6.8km	1914.4.6
近ノ島	0.7km	1914.3.29	真桑	8.3km	1914.4.6
萱場	1.6km	1914.3.29	政田	9.5km	1914.4.6
旦ノ島	2.1km	1914.3.29	下方	10.8km	1914.4.6
尻毛橋	3.0km	1914.3.29	相羽	11.6km	1914.4.6
尻毛	3.2km	1914.3.29	黒野	12.7km	1914.4.6
川部橋	3.9km	1914.3.29	麻生	13.9km	1928.12.20
又丸	4.3km	1914.3.29	中之元	14.7km	1928.12.20
森町	＊＊	1914.3.29	清水	16.1km	1928.12.20
（北方東口）	5.1km	1927頃	八丈岩	17.1km	1928.12.20
北方千歳町	5.7km	1914.3.29	本揖斐	18.3km	1928.12.20
美濃北方	6.2km	1914.3.29			

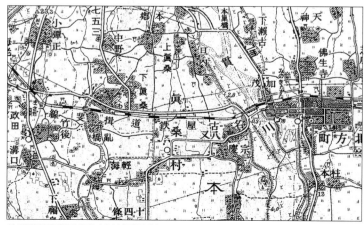

地理調査所発行1/25,000地形図「大垣」
（昭和22年修正測量、昭和29年資料修正）

9-18 谷汲線

　揖斐線の黒野駅と揖斐郡谷汲村（現・揖斐川町谷汲徳積）にあった谷汲駅を結ぶ11.2kmの路線。谷汲の名刹、華厳寺への参詣鉄道建設を目指して設立された谷汲鉄道が、1926（大正15）年4月6日に黒野～谷汲間を開業した。同日に北方～黒野間を開業した美濃電気軌道とは9月1日より直通運転を始めた。1944（昭和19）年3月1日に名古屋鉄道が谷汲鉄道を合併し谷汲線となる。

　黒野駅から北へ延びる線路は、根尾川西岸の田園地帯を進む。更地駅付近から山の緑が迫り、行く手は谷間となって行く。北野畑駅は更地駅の交換設備が取り払われて以来、線内唯一の列車交換可能駅で、列車が減便されてからも蓮華寺のご開帳時等、増発便が運転される際には交換設備が使われた。対岸に樽見線を望んで根尾川沿いに進み、長瀬駅付近から県道と並行して谷汲の街中へ入ると行き止まりホームがある終点谷汲駅に着く。改札口を出ると目の前に蓮華寺の参道が続いている。寺で祭事が執り行われる際には鉄道も参詣客で賑わったものの、普段は山間の閑散路線であった。2001（平成13）年10月1日に全線廃止となり、参詣鉄道としての使命を終えた。

黒野	0.0km	1926.4.6	北野畑	5.8km	1926.4.6
黒野西口	0.5km	1926.4.6	赤石	6.9km	1926.4.6
黒野北口	0.9km	1926.4.6	長瀬	8.4km	1926.4.6
豊木	2.0km	1926.4.6	長瀬茶所	9.1km	1926.4.6
稲富	2.8km	1926.4.6	結城	10.2km	1926.4.6
更地	3.9km	1926.4.6	谷汲	11.2km	1926.4.6
八王子坂	4.9km	1926.4.6			

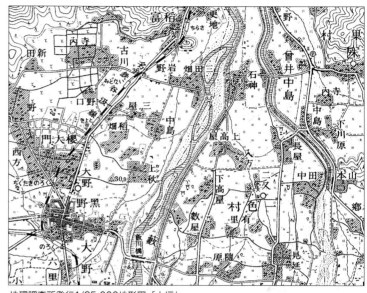

地理調査所発行1/25,000地形図「大垣」
（昭和22年修正測量、昭和29年資料修正）

9-19 高富線

　長良川北岸にあった岐阜市内線の長良北町駅と、岐阜市の北端部に隣接する山県郡高富町（現・山県市）内の高富駅を結んでいた5.1kmの路線。長良軽便鉄道が1913（大正2）年12月25日に長良（後の長良北町）～高富間を開業した。美濃電気軌道が市内線の一部となる長良橋～長良北町停留場として開業したのは1915年11月20日で、開業から約2年間は接続する他の鉄道路線をもっていなかった。1920年に美濃電気軌道が長良軽便鉄道を合併。さらに名古屋鉄道が美濃電気軌道を合併した1930（昭和5）年8月20日に高富線となった。

　路線は岐阜市内から鳥羽川沿いに北上する国道256号線と同様な経路で敷設されていた。終点高富駅は町内の中心部近くにあり、朝夕のラッシュ時には12分間隔で運転されて市内線への直通運転もあった。しかし、単車の小型電車を単行で運転していたので増加傾向にあった利用客をさばききれず、バスへの転換を余儀なくされて1960年4月22日に廃止された。

長良北町	0.0km	1913.12.25	上岩崎	3.0km	1913.12.25
高見	1.3km	1913.12.25	三田洞	3.6km	1913.12.25
下岩崎	1.8km	1913.12.25	粟野	4.6km	1913.12.25
戸羽川[2]	2.5km	1913.12.25	高富	5.1km	1913.12.25

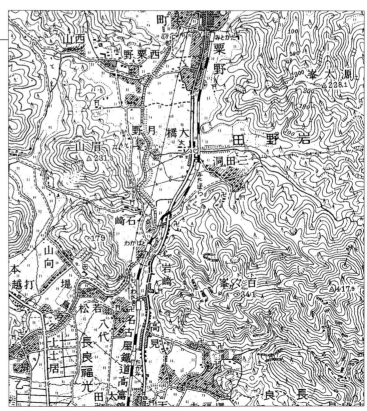

地理調査所発行1/50,000地形図「岐阜」
（昭和22年修正測量、昭和27年資料修正）

9-20 その他の廃止路線、廃止区間

◆小坂井支線(伊奈〜小坂井)

名鉄の名古屋本線と国鉄飯田線の小坂井駅を結んでいた1.2kmの路線。1926(大正15)年4月1日に愛知電気鉄道が、現・名古屋本線の一部となる東岡崎〜小坂井間を開業。列車は小坂井駅から先で、飯田線の前身である豊川鉄道に入って豊川駅まで乗り入れた。

翌年6月1日に伊奈〜吉田(現・豊橋)間が開業し、伊奈〜小坂井間は支線となった。伊奈から名古屋本線と並行して東方に延びる線路は、名古屋本線と飯田線が合流する平井信号場の手前で左に大きく曲がり、小坂井駅に続いていた。名鉄から国鉄線へ乗り入れる多様な列車の連絡線として使われたが、豊川線の全通で1954(昭和29)年に廃止された。

伊奈, 小坂井

◆旧・西尾線(岡崎新〜西尾)

旧国鉄東海道本線岡崎駅付近で開業した岡崎新(後の岡崎駅前)駅から土呂(後の福岡町)駅、中島駅等を経由して、矢作川東岸の平野部を西尾市内の西尾駅までを結んでいた路線。西尾までは現在の西尾線とは全く別の経路だった。1911(明治44)年10月30日に西三軌道が新岡崎〜西尾間を開業した。その後、西尾駅以南は徐々に延伸されて、1916(大正5)年2月12日に旧吉良吉田〜吉田港間

の開業で全通した。これらの区間は軌間762mmの軽便鉄道として敷設されたが、西尾〜吉田港間は1928(昭和3)年に、翌年には岡崎新〜西尾間が軌間1067mmの600V電化路線に生まれ変わった。

太平洋戦争中の1943(昭和18)年12月16日、岡崎新〜西尾間は不要不急路線に指定されて営業を休止した。その後、岡崎駅前〜福岡町間の2.5kmは福岡線として営業を再開したが、福岡町〜西尾間は1959(昭和34)年11月25日に正式に廃止。復活した区間も1962(昭和37)年6月17日に廃止された。

岡崎新, 柱町, 東若松, 西若松, 福岡町, 三河中島, 三江島, 八ツ面, 久麻久, 西尾

◆三河線(西中金〜猿投)

三河線北側の末端区間に相当する猿投〜枝下間と枝下〜三河広瀬間はともに1927(昭和2)年に開業。翌年1月22日に三川広瀬〜西中金間が開業した。猿投駅からさらに北へ向かっていた鉄路は、豊田市御船町内の丘陵地を抜けると枝下〜三川広瀬間で矢作川を渡る。国道153号線沿いに進んだ中金町内に終点の西中金駅があった。この先、さらに東方へ進んで足助町まで延伸する計画があり、

建設工事も始められた。しかし、太平洋戦争下の物資不足でレール等の資材調達がままならず、未成線となってしまった。

長閑な農村部を結ぶ区間で、自動車が沿線住民の足として定着した1970年代以降は利用客が減少した。合理化策として、西中金〜猿投間において1985(昭和60)年3月14日に電車運転を取りやめ、代わりとしてレールバスによるワンマン運転を始めた。それでも閑散路線を維持するには厳しく、2004(平成16)年4月1日をもって8.6kmの区間が廃止された。

西中金, 三河広瀬, 枝下, 三河御船, 猿投

◆三河線(碧南〜吉良吉田)

三河鉄道が大津港(現・碧南)〜神谷(後の松木島)間を1926(大正15)年9月1日に、神谷〜三河吉田(現・吉良吉田)間を1928(昭和3)年8月25日に開業し、三河線の終端部分が出来上がった。碧南市の市街地南部を回り、矢作川を渡って一色町・吉良町(いずれも現・西尾市内)を経由して、蒲郡線・西尾線に接続する吉良吉田駅へと至る16.4kmの区間だった。吉良吉田駅以東は、1936(昭和11)

年に蒲郡駅まで延伸された。その際、蒲郡駅が東海道本線と繋がったために、当駅が三河鉄道の起点となった。

名古屋鉄道が三河鉄道を合併後、1948(昭和23)年5月16日に蒲郡〜三川吉田間が蒲郡線として三河線から分離された。1980年代までタブレット閉塞が残っていた閑散路線で、合理化策として1990(平成2)年7月1日より電車に代わってレールバスが投入された。しかし、利用客の減少を食い止めることはできず2004年4月1日、西中金〜猿投間と同時に廃止された。

碧南, 玉津浦, 棚尾, 三河旭, 中畑, 三河平坂, 三河楠, 北寺津, 寺津, 西一色, 三河一色, 松木島, 吉良吉田

◆旧・瀬戸線(堀川〜土居下)

瀬戸電気鉄道が1911(明治44)年10月1日に掘川〜土居下間を開業し、名古屋市内と瀬戸市を結ぶ瀬戸線は全通した。当区間は名古屋城の外堀内を利用して敷設され、「お濠電車」の愛称で親しまれた。1970年代に入り、瀬戸線を名古屋市の中心部栄まで乗り

入れる新線の建設工事が始まる。それに伴い1976(昭和51)年2月15日には、堀川〜東大手(1944年より休止)間が廃止された。また、同日に東大手〜土居下間が営業休止となった。1978年8月20日に栄町〜東大手間の地下新線が開業。同時に土居下〜東大手間は経路を変更して東大手駅は営業を再開、土居下駅は廃止された。

堀川, 本町, 大津町, 久屋, 旧・東大手, 土居下

第9章 名古屋鉄道の廃止路線

◆名鉄旧線(押切町～枇杷島橋)

後に枇杷島橋～岩倉間が犬山線に編入された一宮線は、名古屋電気鉄道が1910年5月に軌道線として開業した枇杷島～押切町間が始まりである。名古屋市内のターミナル駅だった押切町から菊ノ尾通り沿いに西へ進み、県道の枇杷島橋上流側で庄内川を渡っ

た先に枇杷島橋駅があった。名岐鉄道(現・名古屋鉄道)は名古屋市から東西に広がる路線を結んで、岐阜～豊橋間の直通運転を計画し、1941(昭和16)年8月12日に東枇杷島～新名古屋間に新線を開業。東海道本線沿いに西進し、庄内川付近で従来路線と繋がる経路をとった。それにともない、押切町駅から新線との接続区間までは廃止され、枇杷島橋駅も廃止された。

押切町, 平野町, 初代・東枇杷島, 枇杷島橋

◆尾西線(玉ノ井～木曽川港)

尾西線で名鉄一宮駅以北の区間は、1914(大正3)年8月4日に新一宮(現・名鉄一宮)～木曽川橋間が開業。1918(大正7)年5月1日に木曽川橋～木曽川港間が貨物線として延伸開業して全通した。奥町駅から大きく北に曲がり、玉ノ井駅から木曽川に沿って進む末端区間には里川、木曽川橋、木曽川港の3駅があった。

それらのうち、木曽川港駅は木曽川を下って船で運んできた木材等を積み出す貨物駅で、旅客輸送の終点は木曽川橋駅だった。1944(昭和19)年に奥町～木曽川港間が不要不急路線に指定されて営業を休止。その後、奥町～玉ノ井間は1951(昭和26)年12月28日に営業を再開するが、玉ノ井～木曽川港間は休止状態が続く中で1959年11月25日に正式廃止となった。

玉ノ井, 里小牧, 木曽川橋, 木曽川港

◆竹鼻線(江吉良～大須)

竹鼻線は地元有志が設立した竹鼻鉄道によって敷設された。現在の羽島市竹鼻町以南の区間は、栄町(初代の竹鼻)～大須間が1929(昭和4)年4月1日に開業。長良川と木曽川に挟まれた水郷地帯を縦断する路線は、木曽三川公園の最寄りだった八神駅で西に

大きく進路を変え、長良川の岸に近い大須駅へと続いていた。末期には日中、1時間に2往復の運転となっていた江吉良～大須間は、2001(平成13)年10月1日に廃止され、羽島市代替バスに転換された。また同日、羽島線内で平日の朝夕に4往復設定されていた急行も廃止された。

江吉良, 牧野, 長間, 中区, 沖, 市之枝, 美濃石田, 正専寺前, 八神, 桑原, 大須

◆モンキーパークモノレール線

犬山線の犬山遊園駅と犬山市の日本モンキーパーク内にあった動物園駅とを結んでいた1.2kmのモノレール路線。日本モンキーパークは名古屋鉄道の子会社が経営する動物園を併設した遊園地施設である。モノレールは同園の開業から2年後の1962(昭和37)

年3月21日に開業した。跨座式としては日本初のモノレール路線だった。唯一の途中駅、成田山は成田山名古屋別院大聖寺の最寄り駅。開業当初は美濃、高蔵寺方面へ延伸が計画され、愛知、岐阜県下の北部を包括する新交通としての期待が寄せられていた。その後の利用者減少と施設老朽化を理由に、2008(平成20)年12月28日をもって廃止された。

犬山遊園, 成田山, 動物園

◆渥美線(現・豊橋鉄道)

現在の豊橋鉄道渥美線は渥美半島を縦貫する鉄道として、渥美電鉄が建設した路線である。1924(大正13)年に高師～豊島間、豊島～神戸間、師団口(現・高師口)～高師間、神戸～田原(現・三河田原)間が相次いで開業した。1926(大正15)年4月10日には三河田原～黒川原間2.8kmを延伸開業。田原駅から1.4kmの場所に加治駅

が置かれた。

1940(昭和15)年9月1日に名古屋鉄道が渥美電鉄を買収し、当路線は名古屋鉄道渥美線となった。三河田原～黒川原間は1944年6月5日に不急路線として営業を休止。名古屋鉄道が新豊橋～三河田原駅間の路線を豊橋鉄道へ譲渡した後、名古屋鉄道の路線として1954(昭和29)年11月20日に廃止された。

新豊橋, 柳生橋, 小池, 愛知大学前, 南栄, 高師, 芦原, 植田, 向ケ丘, 大清水, 老津, 杉山, やぐま台, 豊島, 神戸, 三河田原(現在の豊橋鉄道渥美線に準ずる)

111

清水 武（しみず たけし）

昭和15年岐阜県生まれ、慶應義塾大学法学部卒業。昭和39年に名古屋鉄道入社。鉄道
部門に従事。定年退職後は鉄道誌への寄稿、著書多数。

田中 義人（たなか よしひと）

昭和25年愛知県生まれ。昭和49年に名古屋鉄道入社、主に車両関係の仕事を担当。定年
退職後の5年間は「名鉄資料館」勤務。

【写真提供】

名鉄資料館

福島隆雄、阿部一記、荻原二郎、大谷正春、寺澤秀雄、清水 武、田中義人（順不同）

名古屋鉄道
1世紀の記録

発行日 ………………… 2017年1月5日　第1刷　　※定価はカバーに表示してあります。

著者 ………………… 清水 武・田中義人
発行者 ……………… 茂山和也
発行所 ……………… 株式会社アルファベータブックス
　　　　　　　　　　〒 102-0072　東京都千代田区飯田橋 2-14-5 定谷ビル
　　　　　　　　　　TEL. 03-3239-1850　FAX.03-3239-1851
　　　　　　　　　　http://ab-books.hondana.jp/

編集協力 …………… 株式会社フォト・パブリッシング
デザイン・DTP ……… 柏倉栄治
印刷・製本 ………… モリモト印刷株式会社

ISBN978-4-86598-820-8 C0026

なお、無断でのコピー・スキャン・デジタル化等の複製は著作権法上での例外を除き、著作権法違反となります。